Jörg Flege

Weg nach Canada

Jörg Flege

Weg nach Canada

Ausgewandert! Als Trucker nach Nordamerika!

Bloggingbooks

Cover image: www.ingimage.com

Publisher:
Bloggingbooks
is a trademark of
Dodo Books Indian Ocean Ltd. and OmniScriptum S.R.L publishing group

120 High Road, East Finchley, London, N2 9ED, United Kingdom
Str. Armeneasca 28/1, office 1, Chisinau MD-2012, Republic of Moldova, Europe
Managing Directors: Ieva Konstantinova, Victoria Ursu
info@omniscriptum.com

Printed at: see last page
ISBN: 978-3-8417-7056-1

Vorwort

Ein jeder hat bekanntlich seine eigene Story. Das hier ist meine und somit kann ich auch nur das wiedergeben, wie ich es empfinde, denke und erlebe. Jeder hat seine eigene Vorstellung von einer Auswanderung. Manche erhoffen sich eine bessere Zukunft, andere gehen diesen Schritt aus purer Abenteuerlust und wiederum andere verlagern ihr bisheriges Dasein nur an einen anderen Ort. Unzählige taten diesen Schritt schon vor mir und sicherlich werden es noch viele nach mir wagen. Ein Neubeginn an einem fremden, fernen Ort mit allen dazugehörigen Problemen. Neue Umgebung und neue Leute, andere Sprache, fremdartige Kulturen und Mentalitäten und der gewohnten Umgebung einfach „Adieu" sagen und es riskieren. Bestimmt ein Traum, den viele schon einmal geträumt haben...einfach weg und auf zu neuen Ufern !

Der Weg war nicht immer ganz einfach und es bedurfte eine Menge Geduld und Zielstrebigkeit. Die Flinte ins Korn werfen kam mir jedoch nie in den Sinn. Durchhaltevermögen und eine positive Einstellung allen Neuen gegenüber sind, glaube ich, der Schlüssel um irgendwelche Formen persönlicher Tiefschläge zu überstehen. Parallel dazu entstand die Idee für ein Blog, damit insbesondere die Familie, Freunde und Bekannten stets informiert waren, was auf dem neuen Kontinent passiert, da es schwierig sein würde, mit jeden einzelnen wöchentlich oder gar täglich Kontakt zu halten.

In Gedenken an

Helmut Flege (1935 – 2011)

Auswandern - das letzte Abenteuer

Wie viele scheitern in einem neuen Land an dem ständigen Vergleich mit der alten Heimat und das ist, meiner Meinung nach, bei den meisten der schwerste Teil eines solchen Unternehmens überhaupt. Man wird nie oder nur ganz selten in einem anderen Teil dieser Erde Vermisstes und Liebgewonnenes wieder finden. Daher sind gerade die ersten Monate immer die schwersten.

Ich spreche da definitiv aus der Erfahrung, nachdem ich 1995 aus privaten Gründen von Hamburg „nur" nach Zürich ging. Knapp 850 Kilometer Entfernung und somit quasi ein Katzensprung. Aber schnell mal auf eine Tasse Kaffee vorbeifahren ging nicht. Schließlich fehlte oft die Zeit, da auch im neuen Land gearbeitet werden musste. Mit der Zeit gewöhnt man sich jedoch an alles und die Zeit brachte es schließlich mit sich, das es mir dort immer besser gefiel. Eine vernünftige Firma mit verhältnismäßig guter Bezahlung und mit interessanten Touren, neue Freunde und ein Land, welches den höchsten Lebensstandard in Europa bot. Und daraus wurden letztendlich vierzehn Jahre !

Private Gründe stellten mich 2008 vor die Frage: Was nun ? Wieder zurück nach Hamburg gehen ? Allein in der Schweiz bleiben ? Oder doch auf das Inserat einer in Kanada ansässigen Transportfirma antworten und es probieren ? Mit Mitte vierzig war es für mich quasi schon kurz vor zwölf, denn wir alle werden ja nicht jünger. Das Nordamerika schon immer ein Jugendtraum war, brauche ich wohl nicht erst groß zu erwähnen.

Viele Gründe sprachen seinerzeit eindeutig für Kanada: Die Arbeitsmarktsituation verschlechterte sich in Europa zunehmend. Die Konkurrenz aus dem erweiterten Osteuropa schlief nicht und machte es nicht nur den Spediteuren schwer. Fast alle Berufsstände litten und leiden darunter. Wie viele Großkonzerne flaggten aus und deren Mitarbeiter saßen plötzlich auf der Straße ? Ebenso erging es auch vielen Handwerksbetrieben, denen trotz niedriger Kalkulation der ersehnte Auftrag durch ein noch billigeres Angebot einfach vor der Nase weggeschnappt wurde.

Die Misere der Transportbranche in Deutschland begann eigentlich schon Anfang der Neunziger mit dem Wegfall der Frachttarife. Alles war plötzlich frei verhandelbar, was vorher durch Konzessionen und dem RKT (Reichskraftwagentarif) geregelt war. Einer fuhr plötzlich billiger, als der andere und man unterbot sich, wo man nur konnte, ohne an die Spätfolgen zu denken. Nach dem Motto: Hauptsache der Wagen rollte, konnte man meinen. Firmenpleiten, Insolvenzen waren die Folge. Um überhaupt noch konkurrenzfähig zu bleiben, wurde oftmals kurzerhand an den Löhnen gespart. Und die Politik spielte blinde Kuh. Im Gegenteil: neue, verschärfte Gesetze, wie z.B. Ladungssicherung, Einführung eines Digitalfahrtenschreibers und nicht zuletzt die Mauteinführung machten einem das Leben in der Transportbranche immer schwerer. Im Grunde kann man heute deutlich sagen: die Transportunternehmen sind von der Politik einfach im Stich gelassen worden. Und ich hatte da noch rund zwanzig Jahre bis zur Rente und die EU-Politik versagte auf ganzer Linie ! Guet´s Nächtle (T)europa !

Und mehr und mehr kam ich zu dem Entschluss, es zu riskieren.

Auf nach Kanada !

Der Abschied

Da standen wir nun am Flughafen Zürich - Kloten und unabänderlich stand der Abflug und zugleich Abschied bevor. Ich wollte ja ursprünglich allein zum Airport fahren, um genau dieses Abschiednehmen zu umgehen. Es half nichts ! Sie bestand darauf mich hinzufahren ! Wir scherzten und ich sagte: „Du willst doch nur sicher gehen, dass ich auch tatsächlich abfliege !“ Aber tief im Herzen war keinem von uns zum lachen zumute. Kurz vor der Passkontrolle, wo nur den Flugreisenden der Zutritt gewährt wurde und durch die ich nun zu schreiten hatte, folgte eine kurze, plötzliche Umarmung von ihr und schon rannte sie in Richtung Ausgang. Ich sah ihr nach und es brach mir fast das Herz. Da lief nun mein ganzes Glück ! Wollte ich wirklich weg ? Vierzehen Jahre hinterließen jede Menge Erinnerungen, die man nicht so einfach wegwischen kann wie einen verschütteten Kaffeefleck.

Ich schritt zum Passschalter und brachte keinen Ton heraus. Die Kehle war mir wie zugeschnürt. Als der Flieger startete, gab es definitiv kein Zurück mehr, es sei denn, ich wäre mit einem Fallschirm abgesprungen und mitten auf dem Züricher Uetliberg gelandet !

Damals vor vierzehn Jahren war sie der Grund für mich, von Hamburg, meiner Heimatstadt, in die Schweiz zu ziehen. Wir hatten eine prächtige Zeit miteinander und werden wohl auch in Zukunft immer gute Freunde bleiben. Während des neunstündigen Fluges nach Toronto, dachte ich über vieles nach. Das war nun meine zweite Ehe und ich zweifelte stark an meiner Beziehungsfähigkeit.

Was war bloß los mit mir ? Vielleicht sollte ein Fernfahrer aber auch gar nicht erst heiraten ? Nein Blödsinn, denn was das betraf, ging es ja gut. Doch irgendwie war die Luft raus, wie man so schön sagt. Alltagstrott, Gewohnheit und einfach auseinandergelebt ? Vielleicht war der Grund für das Ehe-Aus aber auch meinem Fernweh und dem damit verbundenen starken Wunsch zuzuschreiben, nach Kanada zu gehen und den Traum vom „Truck fahren in Nordamerika“ zu realisieren ?

Meine Gedanken kreisten umher wie die Turbinen der Maschine der Air Canada, in der ich nun angeschnallt und nervös im Mittelgang saß und die mich in eine ungewisse Zukunft brachte !

Meine erste Ehe in Hamburg lag dagegen schon Lichtjahre weit entfernt und das einzige, was ich wusste, war, dass ich eine Tochter aus dieser Beziehung hatte. Gesehen hatte ich die Kleine jedoch zuletzt 1992, kurz bevor ein Notar mir die Adoptionspapiere zum unterschreiben vor die Nase legte. Ich stimmte seinerzeit der Adoption zu, da ich es für das beste für die Kleine hielt. Als Fernfahrer im internationalen Verkehr hatte ich nur selten bis überhaupt keine Zeit und Gelegenheit und wollte keinesfalls nur als „Onkel“ dort auftauchen. So wuchs die Kleine in einer „normalen“ Familie auf und das war im Nachhinein auch gut so.

Solche Sachen passieren und kommen ja in den besten Familien vor, doch geschehen solche Dinge doch vermehrt in Truckerfamilien, denn kein anderer Beruf macht sämtlich erdenkliche Freizeitaktivitäten, Hobbies, sowie das Familienleben und Freundschaften zunichte, da man einfach viel zu selten da ist und viel zu oft nur durch Abwesenheit glänzt !

Wer diesen Beruf (oder eher Berufung) sein Leben lang obendrein auch noch gern ausübt, bei dem muss schon gewaltig viel Diesel in den Adern fließen.

Ein Vierteljahrhundert war ich mittlerweile auf europäischen Straßen unterwegs und liebte den Beruf nach wie vor, doch auch ich nahm die langsamen, aber stetigen Veränderungen wahr. Mit der Europapolitik war ich schon zu meiner Hamburger Zeit nicht einverstanden. Die Einwanderung in die neutrale Schweiz Mitte der Neunziger bot daher den positiven Nebeneffekt, dem „geliebten" Euro und dem EU-Bürokratie-Wahnsinn zu umgehen.

Allerdings machten die Herren aus Brüssel auch der Schweiz in den folgenden Jahren immer mehr Druck und die Schweiz ihrerseits machte Zugeständnisse. So bemerkte man, ging man mit offenen Augen durch die Welt, immer mehr Lastzüge aus Osteuropa, die Waren in die Schweiz brachten und abholten, was bis dahin den Schweizer Transportunternehmer vorbehalten war. Im Rahmen der EU-Osterweiterung und den Zugeständnissen der Schweiz, durften sie das aber jetzt, und da hinter dem ehemaligen eisernen Vorhang nun mal ganz anders kalkuliert werden konnte, blieben viele Schweizer Transportfirmen mit ihren zu recht hohen Frachtraten auf der Strecke.

So einfach war das, denn die Produktionsfirmen in der Schweiz schauten auch nur, wo sie Einsparungen machen konnten. Zum Leidwesen aller Beteiligten. Das, was Deutschland quasi schon seit Einführung des Euros erlebte, kam zwar schleichend, doch nicht unsichtbar, nun auch auf die Schweiz zu.

In vielen Gesprächen hörte ich erstmals so etwas wie Zukunftsangst heraus. Am schlimmsten war jedoch die Ungewissheit, welche Perspektive man hätte, führe kein Schweizer Lastzug mehr ins Ausland ? Nur noch ausschließlich in der Schweiz herumfahren ? Das hielten meine Nerven bestimmt nicht aus und wäre einem absoluter Alptraum gleichgekommen !

Es war für mich unvorstellbar, nicht mehr ins Ausland fahren zu können. Ich brauchte und brauche das irgendwie. Zufriedenheit im Beruf ist letztendlich der Schlüssel für ein glückliches Leben des Menschen, denn die meiste Zeit des Lebens verbringt „Otto Normalverbraucher“ nun mal mit oder bei der Arbeit und ganz egal in welcher Branche man tätig ist und mit was man seine Brötchen verdient: Freude muss es machen ! Nichts wäre schlimmer, als jeden Morgen mit einem dicken Hals ins Geschäft zu

gehen.

Durch meine Schweizer Exfrau hatte ich ja nun bereits Erfahrung mit einer Auswanderung, aber auf einen anderen Kontinent allein neu anzufangen, das war gewissermaßen schon ein anderes Kaliber ! Und nun saß ich tatsächlich im Flieger und machte den Abflug. Mit all diesen Gedanken verflog die „Flugzeit wie im Fluge“ - im wahrsten Sinne des Wortes !

Als Trucker nach Kanada

Aufgrund der positiven wirtschaftlichen Entwicklung im Jahre 2004, suchten viele kanadischen Firmen bevorzugt Fahrer aus Deutschland, England und der Schweiz, für die Transporte von und nach den USA, da es einfach zu wenig kanadische Longhauldriver gab, um dieses Transportaufkommen gerecht zu werden und den Kontinent zu versorgen.

Oft konnte man die Inserate der Stellenangebote zu dieser Zeit in diversen Berufsfahrerfachzeitschriften lesen und viele haben es dann tatsächlich gewagt, wobei viele davon schon nach geraumer Zeit schnell wieder zurückkehrten.

Es ist nämlich kein Zuckerschlecken und man muss an dieser Stelle betonen, dass es sich einige vielleicht doch zu einfach vorstellten.

Beeinflusst, um nicht zu sagen beeinträchtigt, wurde das ganze nebenbei durch etliche neue, im Fernsehen ausgestrahlter Auswandererserien, wo man als Zuschauer schnell den Eindruck gewann, das alles ja nur halb so wild sei.

Nach dem Motto: Och, dann gehen wir halt mal nach Kanada oder welches Land dort gerade angepriesen wurde !

Der Zuschauer vor dem Bildschirm konnte sich nur wundern, mit welch einer Naivität einige dieser Darsteller ihre Auswanderung planten. Besonders schmunzeln musste ich immer, wenn diese „Doku-soap-Künstler" völlig überrascht waren, wenn in dem neuen Land kein deutsch gesprochen wurde.

Auswandern war für mich im Jahre 2005 überhaupt kein Thema, denn ich war ja bereits in die Schweiz ausgewandert, besaßden Schweizer Pass und genoss die wöchentlichen Touren nach Südeuropa. Es bestand also gar kein Grund wegzugehen !

Das sich die Zeiten und Umstände jedoch so schnell ändern würden, ahnte ich zu dem Zeitpunkt noch nicht.

Nur knapp drei Jahre später, im April 2008, begann meine offizielle Auswanderung mit der Bewerbung an ein kanadisches Anwaltsbüro, welches im Auftrag einer großen Transport company Fernfahrer aus Westeuropa für Transporte zwischen Kanada und den USA suchte. Die Firma hatte ihren Hauptsitz in Winnipeg, der Hauptstadt der kanadischen Provinz Manitoba.

Manitoba, flächenmäßig doppelt so groß wie Deutschland, ist die östlichste Prärie-Provinz und zählt rund 1,2 Millionen Einwohner. Wie viele Einwohner zählte Deutschland nochmal ? Achtzig Millionen ? Ganz im Norden grenzt Manitoba an die Hudson Bay und im Süden an North Dakota.

Wenn man sich Kanada auf der Karte anschaut, sieht man, das Manitoba so ziemlich in der Mitte liegt. Daher wohl auch der Werbeslogan der Hauptstadt Winnipeg: „Heart of the Continent“ !

Die Stadt Winnipeg mit ihren rund 650.000 Einwohnern, zählt zu einer der kältesten Großstädte der Welt, wo Temperaturen bis minus vierzig Grad keine Seltenheit sind. Als ich seinerzeit diese Info bekam, fröstelte es mir doch gleich ein wenig !

Hingegen seien die Sommer dort verhältnismäßig lang, sehr heiß und es sei auch bewiesen, dass diese Gegend mehr Sonnenstunden als Kalifornien aufwies.

Für viele Transportunternehmen und Trucker gleichermaßen ist der Standort Winnipeg ein Idealfall, da von diesem Mittelpunkt Nordamerikas alle Destinationen leicht angefahren werden können. Hier ist quasi der

Dreh- und Angelpunkt der Transportwirtschaft !

Das war die Chance, Nordamerika komplett zu sehen und zu bereisen, wie ich immer gerne sagte. Kanada und die USA waren bis dahin immer ein nicht realisierbarer Traum von mir gewesen. Das große Thema „Truck fahren in Nordamerika" kam auch oft in der Vergangenheit in Europa auf den Tisch in irgendeinem Autohof und jeder Berufsfahrer vertrat dort seine ganz persönliche Meinung dazu. Für viele war und ist es nur ein Traum, den sie höchstwahrscheinlich, aus welchen Gründen auch immer, niemals in die Tat umsetzen werden oder können, doch ob Traum oder Alptraum, das jedoch kristallisiert sich erst heraus, wenn man es tatsächlich gewagt hat, diesen Weg zu gehen

Der längste Schritt beginnt immer mit dem ersten Schritt

Das Ziel lag fern, doch auch der längste Weg beginnt immer mit dem ersten Schritt. Das Anwaltsbüro bot mehrere Möglichkeiten für die Immigration an. Zum einen, die etwas schnellere Möglichkeit der Einreise mit einem einfachen Workpermit (die Arbeitserlaubnis) und unter anderem gab es da noch die Immigration im Rahmen des PNP (Provincial Nomenee Programms), welches die offizielle Einreise zwar verzögern würde, da in diesem Fall die Provinz Manitoba den Einwanderer quasi schon im Vorfeld auf Herz und Nieren überprüfen würde, doch eilig hatte ich es ja nicht. Somit entschied ich mich für die Variante des PNP, auch wenn es die Zusage der wichtigen Permanent Resident (die Aufenthaltsbewilligung) nicht unbedingt garantierte, jedoch sehr vereinfachte.

Eine einfache und zudem noch befristete Arbeitsbewilligung, hatte für mich irgendwie einen bitteren Beigeschmack, den ich in den ersten fünf Jahren in der Schweiz kennenlernen durfte, denn dort galt, obwohl ich mit einer Schweizerin verheiratet war, eine Wartefrist von fünf Jahren bis zum Erhalt der in der Schweiz sogenannten Niederlassung C und/oder das Schweizer Bürgerrecht. Ein jedes Land hat diesbezüglich ja seine eigenen Bestimmungen und Gesetze, doch fiel für mich eine Arbeitsbewilligung in die Kategorie „halbe Sachen“ und halbe Sachen mochte ich noch nie.

Ein weiterer, wichtiger Grund war, sich die eigene Unabhängigkeit zu bewahren, denn mit einer Arbeitsbewilligung ist man oft zwangsläufig den Firmen unter Umständen auf Verdeih und Verderb ausgeliefert.

Aber wie auch immer, die Entscheidung der Einwanderungsvariante lag letztendlich bei jeden selbst.

Natürlich war der Service dieser Anwaltskanzlei nicht gratis ! Das alles kostete zunächst einmal eine Menge Geld. Die entscheidende Frage war, was bekommt man dafür ?

Selber hatte ich weder Lust noch Zeit, mich mit den Immigrationsbehörden auseinanderzusetzen und all die erforderlichen Formalitäten selbst in die Hand zu nehmen und war über diesen angebotenen Service zunächst einmal sehr froh.

Alle angeforderten Dokumente brauchten nur zu der Anwaltskanzlei nach Kanada geschickt (vorzugsweise per Kurier) zu werden, die Herren bearbeiteten die Anträge und für einem selbst hieß es von nun an nur warten. Die Anträge wurden im Laufe der nächsten Monate über die kanadische Botschaft in Paris abgewickelt, da diese für Schweizer Staatsbürger zuständig war. In Deutschland gingen diese Anträge meist zu der kanadische Botschaft in Berlin.

Ferner bestand Aussicht auf einen Arbeitsvertrag bei einer der größten Transportfirmen in Kanada, die damit warb, schon seit Jahren in Folge den begehrten Safety-Award als beste und sicherste Fleet auf dem Nordamerikanischen Kontinent durch die Truckload Carriers Association erhalten zu haben. Rund eintausendeinhundert Trucks sowie etwa dreitausend Trailer zählte der Fuhrpark. Diverse Niederlassungen waren in ganz Kanada vertreten.

Die Betonung lag auf „Aussicht auf einen Arbeitsvertrag“, da natürlich erst vor Ort und nach eingängigen Prüfungen entschieden werden konnte, welche Bewerber, um es einmal salopp auszudrücken, etwas taugten und geeignet waren. Und da trennte sich dann schnell die Spreu vom Weizen, denn nur mit einer großer Klappe, wie häufig an irgendeinem Stammtisch zwischen Ostfriesland und den Alpen, kam man hier nicht weit ! Manitoba und auch die Firma selbst, stellten höchste Ansprüche in Sachen Prüfungen.

Das Angebot beinhaltete eine dreimonatige Ausbildung bei Lohnausgleich bis zum Erhalt der begehrten CDL (Commercial driver license), da der Führerschein komplett neu gemacht werden musste. Weiter hieß es, das in den ersten zwei Jahren jeweils eintausend CAD (canadian Dollars) zurückbezahlt würden. Und die Flugkosten würden obendrein auch noch erstattet, was in solchen Fällen allerdings sowieso gesetzlich geregelt war.

Summa summarum war der zu zahlende Betrag unter dem Strich gesehen also peanuts, wie man hier sagt. Dennoch blieb das Risiko und die damit verbundenen bangen Fragen: Was wäre, wenn man den Führerschein nicht besteht, irgendwelche Prüfungen versemmelt oder die Firma einen nun gar nicht mehr will ?

Nun, in diesem Fall hätte ich mir zumindest sagen können: ich habe es wenigstens probiert !

Erwartet und verlangt wurde hingegen auch so einiges: Minimum zwei Jahre internationale Sattelzugerfahrung, englisch in Wort und Schrift, Leumundszeugnis aus dem Strafregister, Zeugnisse von früheren Arbeitgebern, stabile Gesundheit und ein punktefreies Konto in der Flensburger Verkehrssünderkartei.

Zusätzlich wurde ein Bankauszug über das Privatvermögen verlangt, wobei dieser eher für die Einwanderungsbehörde bestimmt war, um sicher zu stellen, das sich der Immigrant über einen gewissen Zeitraum im Notfall allein über Wasser halten könnte.

So begann für mich nach der Bewerbung eine Wartezeit von fünfzehn Monaten ! Fünfzehn Monate Wartezeit

Währenddessen war mir in zwei Fällen das Glück hold, denn es änderte sich eigentlich nichts an meiner bisherigen Lebenssituation. Einerseits konnte ich weiter meine Arbeit im Europaverkehr nachgehen und Geld verdienen und zum anderen brauchte ich mir trotz der Trennung keine neue Bleibe suchen, da wir weiterhin zusammenwohnten bis zum, bis dahin noch ungewissen, Abflugtermin.

Mein damaliger Chef, dem ich über meine Bewerbung nach Kanada unterrichtete, meinte bezüglich der Kündigungsfrist: „Sage mir, sobald es aktuell wird, vier Wochen vorher Bescheid und mache dir keine Gedanken über die Kündigungsfrist, das bekommen wir schon hin !"

Da war ich natürlich froh, denn nach elf Jahren in einer Firma hätte die gesetzliche Kündigungsfrist wahrscheinlich drei Monate oder gar länger betragen, Wie lange so eine kanadische Firma auf den Neuen warten würde, wusste ich ja nun nicht. So kam dieser Umstand einer Ideallösung gleich und ich bin heute noch dankbar dafür.

So stellte ich mich auf eine Wartezeit von unbekannter Dauer ein und dachte mir, die werden sich schon melden, wenn es etwas neues gibt im fernen Kanada.

Zu Beginn des Jahres 2009 erhielt ich eine bedenkliche Nachricht von der Kanzlei, dass das kanadische Goverment den Beruf des Longhauldrivers (wie hier die genaue Berufsbezeichnung für Fernfahrer lautete), von der Liste der gesuchten Berufe in Kanada gestrichen hätte und es momentan noch unklar wäre, ob selbst die PNP Bewerber überhaupt noch einreisen durften. Es war die Rede davon, alles erst einmal zu vergessen, nicht zuletzt, weil auch Kanada im Jahre 2009 von der Rezession plötzlich betroffen war.

Die Kanzlei setzte jedoch alle Hebel in Bewegung und erreichte es, dass die Bewerber, die im Vorjahr ihren PNP Antrag einreichten, von dieser neuen Regelung ausgeklammert wurden. Somit rutschten die Personen, die im Sommer 2009 ankamen, quasi als die vorerst letzten an Bord.

Die Freude und Erleichterung nach diesem Bescheid war natürlich riesig groß, denn über ein Jahr Ungewissheit, war nicht gerade angenehm. Hinzu kam noch, dass viele, die von meinen Auswanderplänen wussten, schon Scherze darüber machten, nach dem Motto: war alles doch nur heiße Luft oder so ähnlich.

Mein Vater in Hamburg meinte, als ich ihn anrief, um ihm diese für mich freudige Mitteilung am Telefon zu erzählen: „Schade, ich hatte gehofft, das es klappt nicht, denn so sehen wir uns ja noch seltener."

Da war etwas Wahres dran, denn seit ich in die Schweiz lebte, waren die Treffen schon sehr beschränkt und selten geworden. Wir verbrachten zwar immer mal wieder das ein oder andere verlängerte Wochenende in Hamburg zusammen, aber über den gesamten Zeitraum gesehen war das im Grunde ja nichts.

Ich sagte: „Kanada ist natürlich schon etwas weiter weg, aber durch die Flugverbindungen kann ich doch recht schnell wieder da sein. Spätestens im Dezember zu deinem Geburtstag !"

Das es bis zu einem Wiedersehen knapp zwei Jahre dauern sollte, ahnte ich zu diesem Zeitpunkt noch nicht.

Englisch ? Was ist denn das ?

Eine Nachricht von der zukünftigen, kanadischen Firma erreichte mich per Email und es ging darum, meine Englischkenntnisse zu überprüfen und zu testen und ich sollte einen Termin vorschlagen.

Das gab es in den Jahren zuvor in dieser Form noch nicht und war auf das grottenschlechte englisch einiger Bewerber zurückzuführen, die einfach durch ihre Nichtkenntnis der Sprache der Firma und sich selbst natürlich mehr Probleme machten, als ihnen lieb war.

Eine Auswandererfolge im Fernsehen zeigte exakt zu diesem Zeitpunkt eine Familie, die genau bei der Firma gefilmt wurde, bei der ich meine Zukunft sah und von diesem Moment an waren all meine Sorgen, bezüglich meiner selbstkritischen Bedenken der eigenen englischen Sprachkenntnis, wie weggewischt !

Das Thema Sprache ist ein viel zu wenig beachteter Punkt und jedem kann nur empfohlen werden, sich die Sprachkenntnisse anzueignen BEVOR man sich überhaupt entschließt, in einem anderen Land leben zu wollen. Es sei denn man zieht nach Bayern !

Diesen Rat befolgend schusterte ich mir ein eigenes Lernprogramm zusammen, zog das so oft es ging durch und versuchte mein englisch so gut es eben ging aufzubessern. Zeit hatte ich ja fünfzehn Monate lang.

Die beste Lernmethode bleibt jedoch weiterhin die Kommunikation und viele machen die besten Fortschritte, wenn sie schon eine gewisse Zeit in dem neuen Land leben. Aber ohne jegliche Sprachkenntnis in ein anderes Land zu gehen, halte ich einfach für vermessen. Zumal bekannt war, dass der Führerschein, inklusive aller englischen Fachbegriffe, absolviert werden musste, will man hier Truck fahren. Der Test an sich ist schon nicht ganz so einfach und diesen dann komplett ohne englische Vorkenntnisse machen zu wollen ?

Forget it !

(Vergiss es, könnte man an dieser Stelle sagen !)

Englisch und Führerscheinfragen büffeln – ohne ging es nicht !

Was muss mit ?

Die Frage, was nimmt man denn eigentlich nun bei einer Auswanderung mit, beantwortet ein Mann ganz einfach: Alles, was halt in zwei Koffern passt ! In meinen Augen waren alle materiellen Sachen im Grunde nur Ballast und konnten wieder neu gekauft werden.

Aufgrund der in Kanada üblichen 110 Volt Stromspannung, konnte man zum Beispiel sämtliche elektronische Geräte mit 220 Volt am besten gleich in Europa lassen, da auch die Hertzfrequenzen unterschiedlich sind. Im Dauerbetrieb werden diese Geräte wohl nicht lange halten.

Zum anderen kannte ich die Größe der kanadischen Räumlichkeiten nicht. Da hätte es womöglich wegen irgendeines Möbelstückes großen Radau gegeben, anschließend hätte dafür ein Seecontainer geordert werden müssen, denn ein Möbelstück passt ja käumlich in einen Koffer und am Ende hätte dieses Möbelstück vielleicht gar nicht in die kanadische Stube gepasst. Da ersparten wir uns Stress, der immer verschwendete Energie bedeutet. Und ganz nebenbei erwähnt: Unsere Einrichtung in der Schweiz war nun nicht gerade auf meinen geliebten „Westernstyle“ zugeschnitten.

Alles was ich mitnahm, war mein Laptop, meine Gitarre, Handgepäck und zwei Koffer. Meine Musiksammlung brannte ich mir in wochenlanger Kleinarbeit vorher auf eine externe Harddisc und deponierte die Sammlung in der Schweiz. Ebenso wie Fotoalben und einige anderer persönliche Sachen, an denen man zwar hängt, aber nun nicht unbedingt täglich braucht. Wer hingegen mit Frau, Kind, Kegel, Hund und Katze auswandert, der muss sicherlich schon ganz anders planen. Mit der Einstellung, es mir für ein Jahr anzuschauen und danach weiter sehen, nahm ich es in dieser Hinsicht ziemlich locker. Am Anfang weiß nämlich im Grunde niemand, ob es einem im neuen Land auf Dauer gefällt, denn schließlich ist es ja kein Urlaub. Wer so denkt, der sollte die rosa Brille schnell absetzen und es realistisch sehen. Hier muss genauso für den Lohn gearbeitet, Steuern und Versicherungen gezahlt werden, wie eigentlich überall auf der Welt.

Eines Tages im Juni 2009 kam endlich die ersehnte Nachricht aus Kanada, nach dem Motto: Du darfst oder kannst kommen, wenn du noch willst ! Da wartet und hofft man geschlagene fünfzehn Monate und jetzt, als die Nachricht eintraf, wurde mir erst so richtig bewusst, was das bedeutete !

Es folgten Telefonate zwecks Ankunft und Terminabsprachen mit der Firma in Winnipeg, ein möbliertes Zimmer wurde gebucht, ein Leihwagen für die ersten zwei Wochen reserviert, der Flug wurde gebucht, Abmeldungen bei der Wohngemeinde, Banken und Versicherungen standen an und nicht zuletzt musste ich es noch schweren Herzens meinem Chef im Kanton Zug mitteilen, der darauf meinte: „Nun wird es ernst, oder ?“ Er hielt Wort, ich fuhr noch zwei Wochen und konnte anschließend den Resturlaub nehmen.

Die letzten zwei Wochen in der Schweiz rannte mir die Zeit fast davon. Außerdem standen nebenbei noch drei wichtige Abschiedsfeiern auf dem Programm: eine Feier im Kreise der langjährigen Arbeitskollegen und Freunde der Schweizer Firma, eine Party im engsten Freundeskreis und natürlich einen Tag im Kreise der Familie.

Habe ich schon erwähnt, dass ich Abschiede überhaupt nicht mag ?

Die Ankunft

Der Flieger landete pünktlich nach neun Stunden Flugzeit um 13.00 Uhr Ortszeit in Toronto. Der Weiterflug nach Winnipeg war erst fünf Stunden später geplant, sodass genügend Zeit für das Immigrationsoffice blieb, bei dem sich jeder Einwanderer zu melden hatte. Die Formalitäten waren jedoch schneller als erwartet erledigt und es wurde höchste Zeit für eine Beruhigungszigarette. Vorher musste jedoch noch das gesamte Gepäck für den Weiterflug wieder neu eingecheckt werden, was sich bei der Anzahl von Gepäckstücken als etwas mühsam herausstellte. Am liebsten reiste ich immer nur mit einem Gepäckstück !

Die innere Anspannung wuchs langsam. Da in vielen Blogs der Name Tim Hortons schon etliche Male erwähnt wurde, probierte ich diesen berühmten Kaffee gleich am Airport aus. Das erste Getränk auf kanadischen Boden war tatsächlich ein Kaffee von „Timmy", wie die Tim Hortons- Läden hier mehr oder minder schon beinah liebevoll genannt werden.

Um 20.30 Uhr am Abend war die Ankunft in Winnipeg und sogleich überkam mich ein großer Schreck bei der Gepäckabholung, denn meine Gitarre lag hier mitten auf dem Rollband. Na, zum Glück nicht auf der Rollbahn ! Der stabilen Gitarrenkoffer schützte sie zwar, sodass sie letztendlich unbeschadet die Reise überstand, aber gerade meine Gitarre, so hatte ich beim Einchecken extra betont, sollten sie besonders vorsichtig transportieren !

Vom Airport aus ging es, mit dem im Vorfeld reservierten Leihwagen, zu der mir bekannten Adresse von dem gemieteten Haus, das heißt, gebucht hatte ich nur ein Zimmer in einem Bed & Breakfast, denn was sollte ich mit einem ganzen Haus, wenn man in Zukunft vielleicht doch nur für fünf Nächte im Monat daheim war ?! Anderseits hatte ich keinerlei Erfahrung in einer Wohngemeinschaft, da ich bisher immer was eigenes hatte und wartete daher ab, ob und wie lange ich das überhaupt aushalten würde. Die Spannung war jedenfalls mächtig groß und mehr als einmal fragte ich mich selbst, was mich hier wohl erwarten würde.

Es war etwa 22.30 Uhr und alles stockfinster, als ich vor dem alten Haus vorfuhr. Mit all dem gesamten Gepäck nervös auf der Veranda wartend, wurde die Tür nach etwa zehn Minuten von meiner Vermieterin im Nachthemd geöffnet. Mit ihren knapp achtzig Jahren ging sie immer schon früh schlafen.

„Du bist zu spät ! Sei leise, denn die anderen schlafen schon. Oben unterm Dach ist dein Zimmer, lass die Koffer hier unten, damit niemand geweckt wird !“, lautete ihre herzliche Begrüßung !

Die anderen Mitbewohner waren jedoch alle „on the road“ und nur mein Zimmernachbar und zukünftiger Arbeitskollege aus Göppingen lag mit einer kürzlich eingefangenen Grippe schon im Bett, wie sich am nächsten Morgen herausstellte. So betrat ich mein neues „Zuhause" ! „Bleibe" wäre eher das richtige Wort !

Das Zimmer war sehr beengt und mit schrägen Wänden, an denen die Farbe abblätterte. Es war nur mit dem Nötigsten ausgestattet. Ein altes Bett, ein alter Tisch mit einem Holzstuhl davor, eine uralte Kommode und ein Teppich, der seine guten Tagen auch schon längst hinter sich hatte. Hinter einer kleinen Tür verbarg sich eine Kammer als umfunktionierter Kleiderschrank, wo die Spinnen scheinbar überwinterten. Es war stickig, denn unter dem Dach knallte am Tage die Sonne hinein. Das einzige Fenster war winzig und seit Jahren nicht mehr geputzt worden. Zu öffnen ging es auch nicht mehr vollständig, doch hatte es wenigstens ein

Moskitonetz davor, was hier sehr wichtig ist, da Manitoba die Geburtsstätte aller Moskitos zu sein schien. Es fehlte eine Heizung, doch die war jetzt im Sommer auch nicht notwendig, aber wie hieß es doch vorher ? Die Winter können manchmal bis minus vierzig Grad erreichen ?

Der Transcanada Highway mit über 7000 km Länge !

Ich zerstreute diesen Gedanken sofort wieder, denn in diesem Moment war ich todmüde und nach nun mehr als zwanzig Stunden auf den Beinen, war ich nur noch Bettreif, sodass ich die erste Nacht auf der uralten Matratze schlief. Mit meiner Kleidung an, denn wer wusste schon, wie viele schon vorher darauf geschnarcht hatten...?

Vorher löschte ich noch die in einer Fassung eingeschraubte Glühbirne, die in der Mitte des Raumes an einem Kabel von der Decke baumelte. Endlich Dunkelheit ! Das ersparte mir das Bild dieses Elends jedenfalls für die nächsten Stunden.

Um drei Uhr nachts wachte ich auf und hoffte, alles entpuppte sich als ein böser Traum ! Ich sah mich um und dachte: „Wo, in aller Herrgottsnamen, bin ich denn hier gelandet ?“ Und plötzlich, typisch laut aufjaulende nordamerikanische Polizeisirenen beantworteten sogleich diese meine Frage !

Es war der 29. Juli 2009 !

Der Morgen danach

Meine Vermieterin lernte ich am nächsten Morgen beim Frühstück ein klein wenig näher kennen. Oma Anna, wie sie von mir genannt wurde, hatte Haare auf den Zähnen, aber das Herz am rechten Fleck. Zehn Monate wohnte ich letztendlich hier. Bei der Ankunft am Vortag hätte ich darauf allerdings nicht geschworen ! Sieben Fahrer aus aller Herren Länder wohnten hier und es gab zwei Gemeinschaftsbäder in dem Haus.

Im Laufe der Monate stand immer, wenn ich wieder nach Hause kam, ein frisch gebackener Marmorkuchen bereit, nachdem sie erfuhr, das es einer meiner Lieblingskuchen war. Gern, und oft auch wiederholend, erzählte sie von damals, als sie im Kindesalter mit ihren Eltern, Großeltern, Onkel und Tanten Mitte der Dreißiger Jahre von der Ukraine nach Manitoba kam.

In dieser Zeit war Winnipeg noch Kleinstadt und die gesamte Familie wohnte in einem kleinen Haus zwischen der Hauptstadt und der Grenze zu North Dakota, quasi in der Pampa.

Man konnte sich anhand ihrer Beschreibungen sehr gut ausmalen, unter welch ärmlichen Verhältnissen und harten Bedingungen sie dort lebten. Ein Ackergaul, der manchmal auch als Personenbeförderungsmittel herhalten musste, indem sie ihn vor einem alten Holzwagen spannten, war fast alles, was sie besaßen.

Die Winter waren damals noch um einiges härter und grausamer, als sie heute sind und die einzige Heizung im Haus war ein alter Holzofen, um den sie all abendlich saßen. Die Schneemassen reichten oft bis zum Dach des Hauses und sie gruben meterhohe Gänge, um überhaupt aus dem Haus zu kommen. Einige vergilbte Aufnahmen in ihrem Fotoalbum dienten bei ihren Erzählungen oft als Zeitzeugen.

Eine ihrer Geschichten werden ich wohl nie vergessen, denn es klang für die heutige Zeit einfach unvorstellbar. Ihr Onkel brachte eines Tages einen Korb voller selbst gesammelter Pilze für seine Familie mit. Das Pilzgericht wurde noch am selben Abend verspeist. Unglücklicherweise kannte ihr Onkel sich wohl nicht so gut mit Pilzen aus, denn nach dieser Mahlzeit starb die Hälfte ihrer Familie an Pilzvergiftung !

Die Konversationen mit Oma Anna waren eine gute zusätzliche Hilfe für mein englisch. Das Zimmer unter dem Dach renovierte ich nach Absprache mit ihr und die alten Sachen flogen raus, aber nicht auf den Müll, sondern in die Garage hinter dem Haus, denn da war sie eigen ! Bloß nichts wegwerfen !

Ich richtete das Zimmer komplett neu ein und es wurde recht gemütlich in dem Raum ohne Heizung ! Es war Sommer und die sich unter dem Dach stauende Hitze verteilte ein riesiger Ventilator, der immer in den Weg kam, so gut es ging. An den kommenden Winter mochte ich aber noch gar nicht denken !

Der Vorteil dieser meiner vorübergehenden Behausung jedoch lag klar auf der Hand: eine günstige Miete, ebenso günstig waren Speis und Trank, der Internetanschluss, die Kommunikation und der größte Vorteil: mit der Meldeadresse konnte ohne große Verzögerungen ein Bankkonto eröffnet, die Krankenkassenversicherung angemeldet und ebenso ganz wichtig die Sozialversicherungskarte beantragt werden.

Ferner konnte der PKW Führerschein umgeschrieben und ein Termin für die schriftliche LKW-Prüfung gebucht werden. Der europäische LKW-

Führerschein wurde hier ja nicht anerkannt und musste komplett neu gemacht werden ! Die ärztliche Untersuchung, die mit der Anmeldung zum LKW-Führerschein hier obligatorisch war, nahm ich am selben Tag in einer Walk-in-Klinik wahr. Diesem Spektakel beizuwohnen, war ein Erlebnis der besonderen Art. Geschlagene sechs Stunden hockte ich in einem stickigen, überfüllten Wartezimmer !

Da ich fälschlicherweise annahm, man müsse für diese Untersuchung auch Wasser lassen, kniff ich solange die Beine zusammen ! Endlich kam ich an die Reihe und sogleich fragte ich den Arzt, ob ich nicht zuerst eine Urinprobe abgeben könnte, denn langsam würde mir doch die Blase platzen. Da antwortete der Doktor indischer Herkunft: „Eine Urinprobe brauchen wir dafür nicht !“ Es wurde nur der Blutdruck gemessen ! Die Aktion war in zehn Minuten erledigt und kostete mich hundert Dollar, inklusive der notfallmäßigen WC - Benutzung !

An manchen Abenden war das Haus voll mit einigen ehemaligen Bewohnern dieses Etablissements und die neuen Bekanntschaften, die neue und noch fremde Umgebung, war alles recht spannend und aufregend zugleich. Wichtigster Aspekt: keep the cost low ! Also: die Fixkosten besonders in der Anfangszeit so gering wie möglich halten, da die Lebenshaltungskosten und die Einnahmen noch unbekannt waren !

Die weiteren Tage waren gespickt mit allerlei Terminen, zu denen ich stets mit meinem kleinen Leihautomobil fuhr. Meinen Lieblingssender hatte ich bereits gefunden und es bestätigte sich: Countrymusic CDs waren hier eigentlich überflüssig, weil eigentlich sämtliche Songs nonstop im Radio gespielt wurden. Dazu das typische Bild, welches man in Europa eigentlich nur aus den Fernsehen kannte: riesige Einkaufsmalls und natürlich die Ami-Fahrzeuge am laufenden Band.

Den Leihwagen hatte ich nur für die ersten zwei Wochen gemietet und somit begann die Suche nach einem eigenen Fahrzeug. Es stellte sich jedoch schnell heraus, das unter den vielen Angeboten auch viel Mist dabei war (zu alt, zu viele Meilen, überteuert, etc). Daraufhin entschied ich mich, in das rund sechzig Kilometer entfernten Carman zu fahren, da dort jemand im Internet ein mir zusagendes, passendes Automobil inserierte. Der Deal war perfekt !

Wer jetzt jedoch annahm, der neue Einwohner in dieser flachen Gegend war jetzt völlig übergeschnappt, (Stichwort: „Pickup-Bigblock-Truck"), den musste ich leider enttäuschen, denn es wurde ein ganz stinknormaler Kleinwagen, der schon 76.000 Kilometer auf der Uhr hatte und für den Anfang sicherlich ausreichte. Es handelte sich um die zweitürige Version des Explorers, wobei in erster Linie, bezüglich den langen Wintern, der Allradantrieb den entscheidenden Ausschlag gab.

Der Explorer mit seinem 4.0 Liter Motörchen konnte eine Woche später abgeholt werden und eine Garantie auf Motor und Antriebsstrang gab es beim Händler gleich mit auf dem Weg. Sicher war sicher, denn schließlich handelte es sich um keinen Neuwagen und eine Reparatur wäre um ein vielfaches teurer gekommen, als der Aufpreis einer warranty. (Garantie)

Eine gute Sache ist hier, das man sein ganz persönliches License Plate (Nummernschild) für sein Fahrzeug bestellen kann. Man kann maximal drei Namensvorschläge einreichen, Kostenpunkt 105.- CAD und nach einer Wartezeit von etwa vier Wochen kann man normalerweise das neue Wunschkennzeichen ans Automobil schrauben.

Lange überlegte ich, welcher Name es nun sein sollte, denn schließlich behält man das Kennzeichen auch bei einem späteren Fahrzeugwechsel. Zu meiner ersten Idee „Joe64" (meinem Blog-Namen), meinte meine achtzigjährige Vermieterin: „Jede Frau weiß dann doch sofort wie alt Du bist und läuft gleich davon !" Danke, Oma Anna ! Sehr charmant ausgedrückt !

Von da an schmückte daher ein anderer Namenszug mein Explorer-Mobil: nämlich HAMBURG, my hometown ! Und das hatte ja nun auch nicht jeder !

Ohne Telefon geht hier, genau so wie ohne Auto, nichts. Mein Schweizer Vertrag lief demnächst aus und für den Anfang entschied ich mich für eine eine Prepaidcard. Nach Europa wurde aus Kostengründen nur der Gratisservice von Skype zum telefonieren genutzt.

Die theoretische Prüfung, der sogenannte Writtentest, stand an und bestand aus zwei Teilen. Diese Tests wurden, zumindest in Manitoba, nun nicht mehr schriftlich auf Fragebögen absolviert, sondern neuzeitlich am Computer. Es gab ein Zeitlimit von jeweils dreißig Minuten und das unangenehme an der Geschichte war, das immer nur eine Frage mit vier

Antwortmöglichkeiten auf dem Bildschirm erschien. Hatte man diese beantwortet , ging es automatisch weiter zu der nächsten Frage und man konnte nicht noch einmal zurück, um schnell die ein oder andere Antwort nochmal zu korrigieren. Das erhöhte immens die Nervosität, insbesondere, wenn jemand an Prüfungsstress litt. Umso größer war die Erleichterung, als es hinterher hieß: CONGRATULATION ! PASSED !

Die Tage zwischen den Vorbereitungen verbrachte ich hin und wieder in Winnipeg City, da man sich bei den Temperaturen noch sehr gut draußen aufhalten konnte. Schließlich war Hochsommersaison und die Sommer in der Prärie konnten mächtig heiß werden. Im Vorfeld war die Rede, das es hier bis zu vierzig Grad im Sommer werden konnte. Zudem mit einem so strahlend blauen und schier grenzenlosen Himmel, wie man ihn in Europa vergeblich sucht ! Das stimmte tatsächlich und wird garantiert jeden als erstes auffallen, der zum ersten Mal in die Prärie Provinzen reist.

Der Stadtbummel hatte natürlich einen guten Grund, da jeder der mich kannte, wusste, was ich vom wandern hielt. Die zuvor angeforderte kanadische Kreditkarte lag hier nämlich zur Abholung bereit und ohne die ging hier ebenso nichts, obgleich ich für Notfälle die Schweizer Bankkarte noch besaß.

Die heiligen Hallen

Schon kurz darauf durfte ich das ersten Mal die heiligen Hallen der Firma betreten. „Hallen“ war gar nicht so abwegig, da alles doch überraschend groß, um nicht zu sagen riesig, war.

Nach einem überaus freundlichen Empfang, ging es nach einem kurzen Interview zu einem wichtigen Punkt: nämlich Verträge, Dokumente und Formulare und davon einen ganzen Berg voll. Die meisten davon wurden an den Wochenenden durchgearbeitet und unterschrieben. Ein wirklich hervorragendes Sozialleistungspaket bot die Firma an, welches in Nordamerika durchaus nicht selbstverständlich ist.

Der ADR Ausweis musste neu gemacht werden, da der europäische Gefahrengutschein auch nicht anerkannt wurde, jedoch war das halb so schlimm und kein Vergleich zu den Anforderungen die in Europa an einem Fahrer gestellt wurden. Der dringend erforderliche Drogentest fand in einer naheliegenden Klinik statt, da es das US Gesetz verlangte und somit unumgänglich war. Da meine einzigen Drogen aus Nikotin und Koffein bestanden, gab es daher auch kein Anlass zur Beschwerde.

Das Wetter im August 2009 war unglaublich heiß und die Kanadier waren richtig froh darüber, ließ doch der bisherige Sommer lange auf sich warten. Mir konnte die Hitze allerdings nichts anhaben, denn während dieser Zeit hockte ich den ganzen lieben langen Tag von früh bis spät im klimatisierten Schulungssaal der Firma. Orientation nannte sich das und wie das Wort schon sagt, wurde man über alles orientiert und informiert.

Ein sehr umfangreiches Lernprogramm bestimmte den Alltag und ich war erstaunt von dem Aufwand, den die Firma diesbezüglich betrieb. Nach so einem Tag brummte einem jedes mal am Abend der Schädel und um abzuschalten, saß ich oft im Garten hinter dem Haus und arbeitete an meinem Blog, der eigentlich erst jetzt nach Ankunft so richtig interessant und spannend wurde. Die Stammleser waren, glaube ich, genauso gespannt wie ich selbst, wie es denn nun weiter gehen würde.

Im Nachhinein betrachtet fühlten sich diese ersten Tage und Wochen in der neuen Heimat fast wie Urlaub an. An all den Wochenenden hatten wir, die Neuen, frei, obgleich es in Nordamerika bekanntlich die Sieben-Tage-Woche gibt. Da viele Geschäfte am Sonntag geöffnet waren, fiel es somit nicht groß auf, das es eigentlich der europäische Ruhetag war.

Die Vorbereitungen für den praktischen Teil des CDL (Commercial driver license) standen an und dafür war ich hierher gekommen ! Dafür nahm ich das alles in Kauf !

Zum einen gab es dem sogenannten Pretrip, die Abfahrtskontrolle, bei dem einhundertfünfzig Teile am Truck und Trailer in einem Zeitlimit von maximal zwanzig Minuten benannt und kontrolliert, resp. gezeigt werden mussten, und zum anderen stand der sogenannte Airbraketest, der Bremsencheck auf dem Programm, für den man dreißig Minuten Zeit bekam und den man von A bis Z auswendig zu lernen hatte, da exakt die vorgeschriebene Reihenfolge bei der späteren Prüfung eingehalten werden musste. Und nicht zuletzt die praktische Vorbereitung, nämlich das Fahren selbst, was das kleinste Problem darstellte, denn alle brachten wir ja schon jahrelange Erfahrungen mit.

Ein anderer, wichtiger Termin stand für September allerdings schon fest: der Medical Check, die medizinische Untersuchung für die Permanent Resident (PR), die Aufenthaltsbewilligung, die nur ein Vertrauensarzt durchführen durfte. Über das PNP, war die Erlangung der PR im Grunde eine reine Formsache, da bereits während der Wartezeit von fünfzehn Monaten das gesamte Antragsprozedere erledigt wurde. Gezahlt werden musste für die Permanent Resident schlussendlich sowieso.

Ein paar weitere elementare Dinge mussten noch abgewickelt werden, wie zum Beispiel die Suche nach einem Hausarzt, der hier family doc genannt wird, den ich glücklicherweise nicht allzu lange suchen brauchte, doch es konnte durchaus passieren, das Ärzte keine neuen Patienten mehr annahmen.

Eine Zahnarztklinik befand sich auch gleich in der Nähe, was ganz praktisch war. Krankenversichert war jeder in Manitoba Ansässige automatisch durch die Manitoba Health und eventuelle Notfälle in den USA deckte die firmeneigene Travel Insurance ab.

Das schon erwähnte Benifit Programm rundete das Thema Gesundheitswesen ab, indem man die Möglichkeit besaß, ein paar extra Wünsche für einen kleinen Obolus zu erhalten. (wie z.B. Massagen, Augen- und Zahnzubehör, Heilpraktiker, etc.) So konnte sich jeder sein Gesundheitspaket zurecht zimmern und anpassen, wie er wollte.

Dasselbe galt für das Thema Rente. Die ist in Kanada auch gesetzlich geregelt, doch ebenso wie in Europa, ist eine Privatvorsorge immer empfehlenswert. Ein Rentenabkommen besteht im übrigen in Kanada zwischen Deutschland und der Schweiz.

Nach endlosen Wochen des Auswendiglernens trockener Theorie, ging es Anfang September zu meiner großen Freude das erste Mal auf die Straße mit einem amerikanischen Truck.

In erster Linie, um ein Gefühl für die dreiundzwanzig Meter Länge zu bekommen, die ein oder andere neue Verkehrsregel kennenzulernen und nicht zuletzt, weil permanentes Auswendiglernen durchaus sehr langweilig sein konnte !

Zum Thema Verkehrsregeln: rechts überholen ist hier erlaubt und meiner

Meinung nach, ist das gerade am Beginn eine der größeren Umstellungen, wenn man von Europa kommt. Der blind spot (der toter Winkel) ist bei Lastzügen unter anderem die rechte Seite und vielen Pkw Fahrern mangelt es dementsprechend oft an dieser Erkenntnis. Schon seit jeher war ich der Meinung, das in den Fahrschulen der Umgang im Bereich von und mit Lastzügen im Straßenverkehr den potenziellen Fahranfängern viel zu wenig vermittelt wird.

Von nun an ging es tagtäglich kreuz und quer mit dem Trainingstruck durch die Stadt und es wurden hauptsächlich die Routen abgefahren, die später von den Prüfern bei dem Roadtest auch gern gewählt wurden.

Die kleine Gruppe bestand aus drei neuen Anwärtern. Der Trainer saß dabei jeweils auf dem Beifahrersitz und einer von uns am Steuer, während die beiden anderen neuen Fahrer im hinteren Bereich, dort wo normalerweise das Bett installiert ist, auf zwei extra montierten Sitzen angeschnallt saßen und auf ihren Turn warteten.

Der Prüfungstermin für den Roadtest war zwar noch nicht in Sicht, aber da die ersten drei Monate fast mit einen vollen Lohn vergütet wurden, war es von dem finanziellen Aspekt letztendlich auch nicht ganz so eilig.

Eine kleine Umdenkweise bezüglich Haushaltsplanung war von Nöten, da Löhne hier wöchentlich anstatt monatlich gezahlt wurde.

Der Roadtest

Tatsächlich wurde der Roadtest für Mitte September vereinbart und kurzerhand wurde eine von etwa drei Touren mit einem In-Cab-Instructor vorverlegt. Normalerweise standen diese Fahrten eigentlich erst nach bestandener CDL Prüfung auf dem Programm und gehörten bei der Firma zum allgemeinen Trainings- und Ausbildungsplan. Mit einem In-Cab-Instructor war es jedoch erlaubt selbst zu fahren, obwohl man noch gar nicht den Ausweis besaß.

Für mich war das eine willkommene Gelegenheit, alles was man bisher in der Orientation und in der trockenen Theorie so erfuhr, nun endlich in der Praxis kennenzulernen, insbesondere die Grenzabwicklung und das Satellitenboard (Kommunikationssystem) waren mir hier völlig unbekannt. Ebenso tat es ehrlich gesagt wirklich gut nach all diesen Wochen wieder einmal raus zufahren. Der Trainer war Gold wert und gab jede Menge wertvoller Tipps, denn nicht zu vergessen, wir alle waren hier der Rookies, die Newbies, die Neuen, für die sich eine komplett andere Welt auftat mit all den neuen verschiedenen Gesetzen, Regelungen und Bestimmungen.

An einem Freitagvormittag ging für einen kleinen dreitägigen Rundlauf mit einem Freightliner das erste Mal in die USA. Abgesehen von einem Urlaub in Tennessee, war dies nun mein erster Trip mit einem Semi, wie hier die Sattelzüge auch genannt werden, in die Staaten und ich war schon mächtig gespannt.

An der US Grenze in Pembina, North Dakota, musste ich mir noch das I94 Visa mit dreimonatiger Gültigkeit besorgen und schon knappe dreißig Minuten später und sechs US Dollar leichter rollten wir weiter nach Minnesota, wo die Ladung am Abend noch entladen wurde. Mit den Ladetätigkeiten hat der Fahrer auch hier nichts zu tun.

Auf den Nummernschildern von Minnesota steht der schöne Satz: "Land of 10.000 Lakes" und auf meine nicht ganz ernst gemeinte Frage an meinen kanadischen Trainer, ob tatsächlich jemand diese 10.000 Seen je gezählt hätte, antwortete er: "10.000 ? Pah ! In Canada we have million of lakes !"

Nach dem obligatorischen Frühstück und der gesetzlich vorgeschriebenen Pause von zehn Stunden, ging es am zweiten Tag weiter nach Wisconsin, wo es die Rückladung nach Winnipeg gab.

Nachdem wir die Fracht- und Zollrechnungen ausgehändigt bekamen, musste auf einer Waage das Achsgewicht gecheckt werden. Bisher war das Verschieben der Trailerachsen mir nur in der Theorie erklärt worden.

Hierbei können anhand des Slidingrailsystems am Trailerrahmen, die Achsen nach vorn oder nach hinten verschoben werden, um das Achsgewicht zu verlagern.

War das Gewicht der Trailerachsen zu schwer, kamen die Achsen weiter nach hinten und das Mehrgewicht verlagerte sich auf die Antriebsachsen. Waren die Antriebsachsen zu schwer, schob man die Trailerachsen weiter nach vorn. Zusätzlich lässt sich noch die Sattelplatte elektrisch nach vorn und hinten verstellen, mit der das Gewicht auf Lenk- und Antriebsachse legalisiert werden kann.

Im schlimmsten Fall jedoch, wenn der Verlader die Ladung ungünstig verteilte und das zulässige US Achsgewicht von 34.000 lbs zu weit überschritt, half auch kein „Axlesliden“ mehr. In diesem Fall mussten sie den Trailer halt wieder komplett neu laden, denn die staatlichen Wiegestationen haben meist immer geöffnet und eine Überladung bringt neben einem saftigen Bußgeld, einer Anzeige auch noch eine ebenso mögliche Stilllegung mit sich. Anzufügen sei noch, dass die von Staat zu Staat unterschiedliche Achsstellung hierbei auch beachtet werden muss.

Michigan und Kalifornien haben zum Beispiel ihre eigenen Gesetze dazu. So ist es in Michigan verboten, die Achsen vor die vierzig Fuss Marke zu sliden, was in Kalifornien wiederum genau das Gegenteil ist. Dort müssen die Achsen sich im vierzig Fuss Bereich befinden.

Zurück in Winnipeg folgte im Anschluss eine kurze Besprechung, da der In-Cab-Instructor ja nicht nur Tipps gab und aus Spaß an der schönen Landschaft mitfuhr, sondern er musste seinen Report abgeben, welcher dann ausgewertet wurde.

In der darauffolgenden Woche gab es ein Erdbeben in Manitoba oder zumindest musste es sich so angehört haben, nachdem ich meinen Roadtest und somit meine Class 1 (CLD = Commercial Driver License) bestanden hatte und ein sehr großer Felsbrocken mir vom Herzen fiel !

Die Nervosität war unglaublich, weil ich drei Tage zuvor den Test durch einen dummen Fehler versemmelte. Sogleich wurde ein neuer Termin vereinbart und bis dahin hatte sich innerlich ein ziemlich großer Stress aufgebaut. Von meiner Laune mal ganz abgesehen !

Mein Trainer meinte aber wörtlich: "Forget the f.... friday, that's gone, shit happens ! NOW you get it !“

Den Führerschein mit Mitte vierzig noch einmal neu zu machen und obendrein noch dazu in einer Fremdsprache, bereitete mir, wie wohl den meisten Kollegen, von Beginn an die meisten Kopfschmerzen.

Das war natürlich ein Grund zum feiern und ich bitte an dieser Stelle um Nachsicht für den ein oder anderen Rechtschreibfeeehler !

joe64

CO-OP
joe64

Der erste Schnee

Während auf der anderen Seite des großen Teiches mittlerweile der Herbst Einzug hielt, fiel hier an einem frühen Abend im Oktober 2009 der erste Schnee ! Es sah fast aus wie Weihnachten in der Schweiz, nur die Berge suchte man vergeblich in der weiten Prärie.

Die Temperaturen lagen etwas unter dem Gefrierpunkt und der Weg zurück nach „Winterpeg" glich einer regelrechten Schlitterpartie. Es wurde nun höchste Zeit, den Einkauf für die richtigen Winterbekleidung nicht mehr länger aufzuschieben. Eine elektrische Ölheizung kam jetzt auch in das kleine Zimmer unter dem Dach, welche für angenehme Wärme in den folgenden Monaten sorgte.

In den Tagen des Winterbeginns stand das alljährliche Wintertraining an. Während den Fahrten am Simulator konnten sämtliche Wettersituationen simuliert werden. Tolle Sache ! Ich dachte nebenbei: Sollte hier während einer solchen Simulator-Testfahrt jemand abschmieren, hatte derjenige den großen Vorteil, das es „nur" im warmen Schulungssaal geschah. Draußen in der realen Welt sah das ganze schon etwas anders aus.

Die langen, kalten Winter in Kanada können wahrlich grausam sein. Da geht es in Extremsituationen immer ums nackte Überleben und gegen diese Extremfälle sollte man schon vorher gewappnet sein.

Damit meine ich natürlich nicht, was man machen sollte, wenn man aus Versehen einen Schwarzbären auf den Schwanz tritt, was logischerweise im Winter eher selten passieren kann, es sei denn, man sucht Schutz in irgendeiner Höhle. Da könnte unter Umständen diese Höhle schnell zur Hölle werden.

Es gehört auf jeden Fall eine Notausrüstung im Winter in jedes Fahrzeug.

Eine Axt zum Beispiel gehört dazu, um die Möglichkeit zu haben, sich Äste zu besorgen und ein Feuer zu machen, falls der Motor und die Heizung ausfallen sollten. Ein Gasbrenner ist empfehlenswert, um sich ein warmes Getränk oder eine heiße Suppe zu kochen. Kerzen sollten an Bord sein. Natürlich keine Zündkerzen, sondern einfache Wachskerzen, die bei einem Motor- und Heizungsausfall den Innenraum über den Gefrierpunkt halten werden. Ferner gehören Decken, Spaten und Schaufel, Schneeketten und auch haltbare Lebensmittel mit dazu.

Nicht auszudenken, wenn bei extremen Minusgraden etwas ähnliches passiert, denn bis Hilfe eintrifft, kann es schon mal etwas länger dauern. Wenn einem das bei einem Wintersturm passiert, kann es noch länger dauern, da die Helfer die Straße ja auch nicht mehr sehen und sich hüten werden, sich auf die Suche begeben.

So einen Wintersturm nennt man übrigens „whiteout“ und in einen bin ich später im Januar 2011 selber hineingeraten. Da sieht man tatsächlich nichts mehr. Die Flocken rasen in einer derart schnellen Geschwindigkeit um einem herum, das einem schwindelig wird und man ganz schnell die Orientierung verliert. Gerät man mit seinem Fahrzeug in so ein whiteout, sollte man natürlich einen sicheren Parkplatz ansteuern. Das ist leider leichter gesagt, als getan, da man quasi blind fährt und sich eine sichere Parkmöglichkeit unter Umständen nicht bietet. Wir befinden uns ja nicht auf der A7 zwischen Hamburg und Hannover, wo alle zwanzig Kilometer ein Parkplatz kommt !

Auf keinen Fall aber sollte man aussteigen und sich von seinem Fahrzeug entfernen, denn man würde sich im wahrsten Sinne blindlings verlaufen und in manchen kanadischen Territorien schnell zum Abendessen der Wölfe werden. Oder man erfriert vorher schon, doch das kann man sich ja nun nicht immer unbedingt aussuchen.

Am Folgetag, als das Wetter sich wieder beruhigt hatte, konnte man unzählige Fahrzeuge sehen, die in der Nacht zuvor von der Piste abkamen. Die Winterzeit in Kanada beträgt bekanntlich rund sechs Monate und die Kanadier sagen, es gibt hier eh nur zwei Jahreszeiten: Sommer und Winter.

Doch es gibt auch viele wunderschöne Winterwochen, mit strahlend blauen Himmel und selbst Temperaturen um minus zwanzig Grad lassen einen nicht frieren. Die trockene Kälte ist sehr angenehm. Schlimm wird es wirklich nur, wenn es windig ist. Wenn der Wind über die Prärie rauscht, verwandeln sich diese Temperaturen schnell in Schmerz. Hüten sollte man sich vor Erfrierungen und hierbei sind die Knorpel Nase und Ohren besonders gefährdet. Da bekommt der Ausdruck Gefrierbrand gleich eine ganz neue Dimension.

Das Fahren auf schneebedeckten Straßen ist ähnlich wie im hohen Norden Skandinaviens. Bei langanhaltenden Tiefsttemperaturen ist der Straßenbelag wie Asphalt und der trockene Pulverschnee ist sehr griffig. Gefährlich wird es, wenn die Temperaturen steigen und sich um den Gefrierpunkt befinden. Black ice ist Glatteis und da gibt es nur eines: Anhalten ! Man muss nur das Glück haben, das Glatteis auch rechtzeitig wahrzunehmen. War die Straße eben noch trocken, kann sich plötzlich im nächsten Moment blankes Eis unter den Rädern befinden, was bei allen Fahrern nun nicht gerade einen Freudenschrei auslöst.

Aber nicht nur im Winter ist Vorsicht geboten. Die Naturkräfte haben hier andere Dimensionen und Manitoba ist unter anderem auch Tornadogebiet. Ein gewaltiger F5 fegte 2007 zuletzt über das Städtchen Elie hinweg. Die flache Prärie bietet einer leichten Brise schnell Gelegenheit sich in einen Sturm zu verwandeln, dagegen sind im Vergleich die Herbststürme an der Nordseeküste nur eine leichte Brise. Beim Fahren mit leichten oder leeren

53 feet Trailern, die allein durch ihre Größe eine gute Angriffsfläche bieten, sollte man besonders vorsichtig sein, da die Seitenwand des Trailers wie ein Segel wirkt und der Sturm den kompletten Zug ganz leicht von der Piste fegen kann.

Für die Trucker hier in Nordamerika war das eben beschriebene sicherlich keine Neuigkeit, doch vielleicht lesen die Damen „Meier-Müller-Schulze" diese Zeilen, die gerade in diesem Moment am Koffer packen sind, um ihren Winterurlaub im Yukon zu beginnen und beherzigen jetzt ein paar Dinge. Wer weiß, wem es hilft ?

Keine Trips in die USA

Zumindest waren Touren in die USA für mich in den nächsten vier bis sechs Wochen gestrichen, da meine Permanent Resident bewilligt wurde ! Mein Pass wurde zur kanadischen Botschaft nach Paris geschickt und das bedeutete, das es die folgenden Wochen „nur" Touren in Kanada gab, denn ohne Passport, keine US-Einreise !

So stand ich eines morgens pünktlich wie eine Schweizer Uhr am Tisch des Disponenten und dort hätte ich wohl Stunden später noch gestanden, wenn der Kaffeeduft aus der firmeneigenen Cafeteria mir nicht in die Nase gestiegen wäre. Dreiundzwanzig Tassen Kaffee später erhielt ich endlich die mir zugeteilten Truck- und Trailernummern. Was anschließend für jeden Trucker hier folgte, könnte man auch „Suchen ohne Grenzen" nennen:

Mit dem eigenen Pkw begab man sich zuerst auf die Suche nach dem Truck, denn bei der Größe des Areals lief man nicht, andernfalls hätte man sich am Abend mit dem Wolf unterhalten können, dem man sich am Morgen gelaufen hätte. War der Truck endlich gefunden, folgte das einräumen der persönlichen Sachen und jetzt musste wiederum ein Parkplatz für den PKW gefunden werden, und da das Gelände, wie erwähnt, so riesengroß war, war bei schnellerer Gangart sogar die allmorgendlichen Jogging-Runde mit inbegriffen: nämlich zu Fuß vom PKW-Parkplatz zurück zum Truck. Dort angekommen begann der dritte Teil von „wer suchet, der findet“ und die Jagd nach dem Trailer begann. Hatte man endlich seinen Trailer gefunden, wurde dieser aufgesattelt, der pretrip ordnungsgemäß ausgeführt, die Achslast über die hauseigene Waage gecheckt, getankt, der Papierkram erledigt und schon war es oft locker Highnoon, bis man endlich los konnte ! So ungefähr kann sich jetzt wohl ein jeder vorstellen, wie es morgens zugeht, wenn hunderte Trucker ihre Trucks und Trailer suchen !

An jenem Morgen bekam ich eine Ladung für die Niederlassung in Regina, rund sechshundert Kilometer westlich von Winnipeg, in der kanadischen Kornkammerprovinz Saskatchewan. Von dort ging es gleich wieder zurück nach Winnipeg. Das bedeutete im Klartext: der Tacho zeigte nach so einem Tag mal eben eintausendzweihundert Kilometer mehr an ! Das war an der Tagesordnung, wenn man in Kanada fuhr und es wurde Zeit, dass endlich mein Pass zurück kam.

Die Arbeitsverfügbarkeit (PTA) ist ein Unterschied zu Europa, denn hier gibt der Fahrer vor, wann er wieder starten möchte. Vierundzwanzig Tage im Monat sollten es nach Möglichkeit sein, was einem Durchschnitt von zwölftausend Meilen pro Monat entspricht.

Auf dem Firmengelände, fand ich fast mein Explorer-Mobil nicht mehr wieder. Aus Bequemlichkeit hatte ich ihn dicht am Zaun zum Traileryard abgestellt, da ich mir keinen Wolf laufen wollte. Der Dreck und Staub, der hier insbesondere im Sommer von den hunderten hin und her fahrenden Trucks aufgewirbelt wird, ist unglaublich. Jedenfalls war mein Automobil komplett paniert, aber nicht mit Puderzucker !

Daraufhin stand zum ersten Mal der Besuch einer kanadischen Waschstraße auf dem Programm. Gleich sechs Leute auf einmal machten sich daran, den Wagen wieder auf Hochglanz zu bringen. Inklusive Innenreinigung kostete der Spaß nur dreizehn CAD (canadian dollar) und dauerte nur zehn Minuten. Das Ergebnis war auf jeden Fall jeden Cent wert und der Explorer strahlte wieder, genauso wie sein Besitzer !

PR wurde bewilligt

Diese Wochen, so ganz ohne Pass und bis dahin ohne fest zugeteilten Truck, waren echt mühsam und ich denke mit Grauen an diese Zeit zurück. Die Tage dümpelten so vor sich hin und mir fehlte völlig die Motivation. Das Innenleben mancher Trucks ließ oft zu wünschen übrig und oftmals lehnte ich es ab, mit so einer Dreckkiste zu fahren. Mir war es unbegreiflich, wie sich derjenige darin wohlfühlen konnte.

Anfang November 2009 war es dann offiziell !

Geplant war wieder ein Trip in Kanada, als plötzlich mein Telefon klingelte und am anderen Ende der Leitung ein Herr von der Kanzlei mir mitteilte: „Hey, Dein Pass ist da !“ Endlich ! Ein innerer Jubelschrei folgte ! Die Diponenten im Büro waren ebenso erfreut darüber, denn nun konnten sie mich überall einsetzen. Vielleicht täuschte ich mich, aber von dem Tage an wurde der Ton irgendwie etwas freundlicher.

Mit dem Passport und den dazugehörigen Papieren ging es noch am selben Tag nach Minnesota und an der Grenze in Rainy River wurde mein Permanent-Resident-Status "aktiviert". Die junge Grenzbeamtin dort staunte nicht schlecht, da an diesem eher kleinen Grenzübergang scheinbar recht selten jemand seine PR aktiviert. Sie entstaubte erst mal einen alten Aktenordner und las einige Bestimmungen vor, und meinte anschließend im feierlichen Ton: „Welcome to Canada !“

Von da an dauerte es rund vier Wochen, bis die Original PR-Card in Scheckkartenformat per Post eintraf. Solange gab es ein in den Pass getackertes Dokument, welches bei den zukünftigen Grenzübertritten den PR-Status belegte.

Zur Feier des Tages ging ich am Nachmittag Kaffee trinken ! Kaffee ? Hier das Nationalgetränk Nummer eins ! Jedoch handelt es sich meist um eine eher durchsichtige braune Flüssigkeit und ist keinesfalls ein Vergleich zu meinem geliebten italienischen Lavazza. Daher kann man als „Kaffeetante" auch literweise davon trinken ohne gleich einen Herzkasper zu erleiden !

In den Truckstops kann man sich die Thermoskanne oder wie es hier heißt seinen Coffee-mug für ein paar cent komplett auffüllen lassen. Bei jeder Tankung von minimum fünfzig Gallonen gibt es neben der kostenlosen Duschbenutzung auch immer die sogenannten Kaffeepunkte, die einem gutgeschrieben werden.

In meinen Adern floss mittlerweile schon mehr Kaffee als Blut !

Keine gebratenen Tauben

Das auch in Kanada die gebratenen Tauben nicht schmackhaft mit Milch und Honig mariniert an den Bäumen hängen, dürfte jedem klar sein. Vielleicht war meine Wut an jenem Tag im November 2009 auch nur darauf zurückzuführen, dass ich noch viel zu sehr der europäischen Denkweise nachhänge. Das musste ich mir schleunigst abgewöhnen, denn sonst regt man sich hier zu sehr auf !

Ein in der Niederlassung Calgary freigewordene und mir versprochene Truck, hatte einer der Disponenten in Alberta kurzerhand mit einem anderen Fahrer in die Staaten geschickt, sodass der Ärger meiner Disponentin darüber mehr als angebracht war. Aber ändern konnte sie letztendlich auch nichts.

Bis ein Fahrzeug für die Woche gefunden wurde, dauerte es mal wieder zwei Stunden. Der Auftrag lautete: einen geladenen Trailer irgendwo in Winnipeg abholen und diesen in den USA am nächsten Morgen liefern. Als ich beim Trailer ankam, stellte sich heraus, das einer der acht Reifen ohne Inhalt, also quasi luftleer, dastand.

Vier weitere geschlagene Stunden wartete ich auf den Reifendienst, denn selber wechseln wir hier nicht. Nachdem um 15.00 Uhr endlich der Reifen gewechselt war und es nun endlich hätte losgehen können, erklang ein „beep“ im Satelliteboard, welcher den Erhalt einer Nachricht verkündete ! „Hi Joe, wenn der Reifen gewechselt ist, komm bitte her, denn wir benötigen den Truck. Für Dich steht hier ein anderes Fahrzeug bis Freitag zur Verfügung !"

In diesem Moment lag mein Blutdruckwert wohl so zwischen 260 zu 140 ! Das konnte doch wohl nicht wahr sein ! Wieder musste alles aus- und umgeräumt werden ! Langsam hatte ich nun wirklich genug !

So ging es jedoch noch einige Zeit weiter, bis endlich im Dezember in der Niederlassung in Regina / Saskatchewan tatsächlich ein Truck für mich bereit stand. Die Frage, wie ich dort nun hin gelangen sollte, wurde im selben Moment schon beantwortet: nämlich mit Mike, der nach Calgary sollte. Den kannte ich bereits, da er in der Nachbarschaft wohnte und wir privat des öfteren was unternahmen. Wegen der Schichtzeit fuhr ich die Stunden nach Regina, sodass es Mike für die restlichen 750 Kilometer nach Calgary reichen sollte.

Ab Brandon begrüßte uns Frau Holle ! Je weiter wir westwärts fuhren, umso mehr schneite es und die Fahrbahn war schnell schneebedeckt. Und das geht jetzt so bis Mai ? kam es mir in den Sinn. Nach Mitternacht kamen wir in Regina an. In einer Ecke stand einsam und allein und völlig eingeschneit, mein zukünftiger Truck.

Ein 2008 Freightliner Century war es geworden, denn Volvo kann man ja auch in Europa fahren, wie ein Kollege immer zu sagen pflegte. Es war zu meiner Überraschung ein sehr gepflegter Wagen, denn was das betraf, so hatte ich die vergangenen Wochen ja schon so einige unangenehm Überraschungen erleben können. Überrascht war ich auch, nachdem ich die Fahrertür geöffnet hatte und das gesamte Zeug des Vorgängers in der Kabine vorfand. Mikrowelle, Kaffeemaschine, Fernseher, DVD, GPS, Bettzeug, etc.

„Was geht denn hier ab ? Da kann man doch nicht einziehen !“ Da Mike sich eh dazu entschloss, bei diesen Wetterverhältnissen nicht mehr weiterzufahren, übernachtete ich in seinem „Freightliner Hotel“. Früh am Morgen hatte es endlich aufgehört zu schneien und so verfrachtete ich meine Sachen erst einmal provisorisch in die Kabine „meines“ Trucks, Mike fuhr ab nach Calgary und ich zum tanken und frühstücken zu einem

Truckstop gleich um die Ecke. Die Utensilien des vorherigen Fahrers konnten mittags im Büro zur Abholung deponiert werden und die Fahrt ging zurück nach Winnipeg.

Doch die Freude währte nur kurz, da aufgrund plötzlich auftretender bekannter Geräusche vom Turbo, der Wagen am selben Abend in Winnipeg in den shop, der Werkstatt sollte.

Am nächsten Morgen rief ich in der Firma an, um mich zu erkundigen, wie weit die Werkstatt mit der Reparatur am Truck sei. Die Antwort meiner Diponentin: „Die Werkstatt hatte keine Zeit und meinte, man könne ruhig damit ohne Probleme bis zum nächsten Service fahren !“ - „Okay, hast Du denn heute noch was für mich ?“ Antwort: „Nee, bleib heute zu Hause, so hast Du morgen wieder volle Stunden zur Verfügung.“ Okay, soweit, so gut !

Mittags des selben Tages wurde die kanadische Wirtschaft angekurbelt, indem ich fein säuberlich die lange Einkaufsliste mit den bisher noch fehlenden Reiseutensilien (oder auch einfacher gesagt: „dem ganzen Reisegedöns“) abhakte !

Anschließend wollte ich zur Firma fahren, um das Zeug einzuräumen, stand gerade an einer roten Ampelkreuzung und da fiel mir fast die Zigarette aus dem Mundwinkel: wer kam da von rechts ? Gold, Freightliner, „meine Nummer“ ? Was geht denn jetzt ab ?, dachte ich und fuhr auf direkten Wege wieder zurück in die warme Stube der Pension, da sich das Einräumen der Sachen ja nun erledigt hatte.

Am Abend klingelte mein Telefon und meine Disponentin war dran. „Hi Joe, sorry, bad news !" „Wie jetzt, schlechte Neuigkeiten ?“ „Ja, dein Truck wurde heute für eine Tagestour mit einem anderen Fahrer eingesetzt, der momentan mit einen Breakdown (Panne) in Grand Forks steht!“ Ich hatte im Vorfeld schon eine Menge von den kanadischen Werkstätten gehört und war auch kein Hellseher, doch wenn eine Maschine solche Geräusche machte, wie am vergangenen Tag, sollte man das Fahrzeug nicht noch raus schicken. Glücklicherweise hatte ich alles exakt im DVIR (Daily-Vehicle-Inspection-Report, der vor jeder Abfahrt ausgefüllt werden muss) notiert, sodass man mir nicht an die Karre pinkeln konnte, denn das hatten andere zu verantworten, doch kaufen konnte ich mir dafür auch nichts.

Somit stand ein langes Wochenende an, denn einige meiner Sachen befanden sich schon im Truck, sodass ich mich weigerte mit einem anderen Fahrzeug raus zufahren und ehrlich gesagt, hatte ich auch gar keine Lust schon wieder umzuziehen ! Ich war satt bis obenhin !

Der dritte Advent ging ins Land, doch richtige Festtagsstimmung wollte bei mir keine aufkommen. Temperaturen weit unter der minus zwanzig Grad Marke raubten einem manchmal den Atem, von dem ich als Raucher eh nicht soviel hatte. Ein Gefühl, als wenn die Lunge einem platzten würde, aber nicht jammern, da musste man durch !

Die Firma hielt die Räder am rollen und die Touren gingen in alle möglichen Richtungen. Seit meiner Ankunft kam ich in jenen Tagen das erste Mal auch über durch die Rocky Mountains und davon hatte ich in Europa schon oft geträumt. Einmal mit dem Truck dadurch und darüber ! Eine so fantastische Landschaft, die für vieles unangenehme entschädigte.

Das Jahr 2009 neigte sich dem Ende zu und der erste Weihnachtstag 2009 war für mich das schlimmste Weihnachten bis dahin. Nicht, weil ich on the road war, aber der Standort war alles andere als weihnachtlich. An diesem Tage hatten eigentlich alle Geschäfte in Kanada geschlossen. In der Einöde Saskatchewans fand ich am Abend einen kleinen Truckstop, jedoch hatte das Restaurant an diesem Abend geschlossen. Nur die kleine

Tankstelle hatte noch auf und mein Weihnachtsessen bestand aus einer heißen Automatensuppe und einem Becher Kaffee ! Merry christmas !

Am ersten Silvester im neuen Land hatte ich frei und verbrachte die Silvesternacht mit ein paar Leuten in einer Winnipeg`schen Bar. Gute Stimmung, interessanter Laden, nur leider nicht so ganz meine Mucke, die sie da spielten und ich verließ um ein Uhr nachts den Schuppen wohl als erster. Die Temperaturen von gefühlten minus fünfunddreißig Grad sorgten automatisch für einen zügigen und einsamen Heimspaziergang !

Die ersten Monate im neuen Land waren im Nachhinein betrachtet wahrlich kein Zuckerschlecken und mit vielen unangenehmen Dinge gespickt, aber aufgeben kam mir nie in den Sinn. Es gab nur eines und das war Durchhalten, denn ich hatte ganz andere Pläne !

Jetzt war er da, der richtige Winter

Im Januar erreichte er Winnipeg ! Temperatursturz, Sturm, Schneefall ohne Ende, die Kinder bekamen Schulfrei, der gesamte öffentliche Verkehr war lahm gelegt und viele Straßen wurden gesperrt. So in etwa erfuhr ich es von Kollegen, die irgendwo feststeckten oder erst gar nicht raus fuhren. Zum selben Zeitpunkt stand ich in in Ohio und wartete auf den Pannendienst, nachdem sich ein Bremszylinder an der Antriebsachse verabschiedet hatte. Bei zwölf Grad plus im Regen ! Man musste ja auch mal Glück haben !

Am nächsten Abend in der Niederlassung in Mississauga, nachdem ich vom duschen kam, traf mich fast der Schlag. Vor lauter Qualm und Rauch sah man fast nichts mehr. Ein Höllenlärm kam aus jener Richtung, wo mein Truck stand. Schnell, nein, ganz schnell (und dabei wollte ich im neuen Jahr doch alles etwas langsamer angehen lassen), stellte ich den Schalter meiner dröhnenden APU (auxilliary power unit) auf 'OFF' und sogleich war Ruhe auf dem bereits dunklem Yard.

Endergebnis: Der Generator war durch geschmort und der zweite Breakdown in zwei Tagen war perfekt ! Diese APUs dienen unabhängig vom Motor als Heizung, Klima und produzieren die 110 Volt Stromspannung an Bord. Man beschloss es in Winnipeg zu reparieren und so machte ich mich auf den Weg zum rund zweitausend Kilometer entfernten „Winterpeg".

Nun wusste auch ich, warum sie die Stadt so nannten ! Der berüchtigten Highway siebzehn, der quer durch die Provinz Ontario führt, ist zu neunzig Prozent Wildnis pur. Man sieht Moose, Wölfe, Rehe, (abgesehen in den Wintermonaten auch Bären) und ganz besonders beliebt sind die Stunks. Wer ein Stinktier überfährt, der hat wahrlich wochenlang was davon !

Wer schon einmal ein Moose sah, weiß, wie groß diese Kameraden werden können und so ein Bulle, nein, kein Polizist, kann bis zuachthundert Kilo schwer werden ! Ein Crash zwischen so einem kanadischen Elch und einem Personenwagen endet für beide zu neunundneunzig Prozent tödlich. Und auch wenn eine Stahlkonstruktion, ein sogenannter „Moosebumper", meinen Kühler schützte, half dieser Schutz wohl gerade mal bei einem Zusammenprall mit einem Reh, dessen Eingeweide es dann wieder galt, abzukratzen. Vom Blut, welches die Windschutzscheibe dabei versaut mal ganz zu schweigen !

Diese „Moosebumper“ vor dem Kühlergrill heißen in Australien „Roobar", abgeleitet von Känguru, die es hier in Kanada ja eher selten gibt, und in Europa sagten wir immer „Kuh- " oder „Bullenfänger" dazu. Letzteres gibt es zuhauf auch in Kanada !

Das Fernlicht von vielen Trucks hierzulande ist oft ein Witz ! Vom Abblendlicht will ich mal gar nicht erst reden ! Unverständlich, das Zusatzscheinwerfer hier verboten sind, wo es doch gerade hier besonders Sinn machen würde ! DAS wäre ein richtiger und wichtiger Sicherheitsaspekt ! Damit könnte man die Tiere schon rechtzeitig erkennen. Wenn eines einem direkt vor die Nase springt, kann man eh nicht mehr viel machen, aber wie oft stehen sie nur am Straßenrand und erst im Vorbeifliegen registriert man sie.

Ab Dryden wurde der Highway siebzehn immer miserabler und mein Ladungsgewicht von sechstausend Pfund machte das ganze auch nicht besser, denn schon bei leichtem Gasgeben drehten die Räder trotz zugeschalteter Sperre durch. Da gab es nur eines: very slowly, sehr langsam ! Einigen kanadischen Kollegen ging es jedoch wieder einmal nicht schnell genug und hinter Kenora war die Straße für mehrere Stunden gesperrt, nachdem so ein Überflieger auf vereister Piste bergab die leichte Rechtskurve unten im Tal nicht mehr erwischte. Nun war mein Zeitplan an diesem Tag komplett im Allerwertesten !

Manchmal kam das Gefühl auf, einige Trucker hätten in dem linken Auge das Dollarzeichen und im rechten Auge die Meilenangaben. Oder wurden sie von ihren Firmen so gehetzt ? Meine Devise war auch hier nach wie vor: Wer langsam fährt kommt auch auch ans Ziel und somit ließ ich den Truck im Frühjahr auf 95 km/h begrenzen. Das brachte der Firma eine kleine Dieselersparnis ein, mir noch zwei Cent pro Meile mehr und Abstandsprobleme gab es nun gar keine mehr.

Dazu muss man wissen, dass die Trucks mit einem sogenannten Vorradsystem ausgestattet sind, welches alle Daten aufzeichnet. Unteranderem den Abstand zum Vordermann und diese Distanz sollte schon mindestens sieben Sekunden betragen. Liegt der Abstand bei drei Sekunden oder gar noch weniger, zeichnet es das Gerät auf. Wird bei späterer Auswertung festgestellt, das dieses „Nichteinhalten des Sicherheitsabstandes" zu häufig auftrat, hat man ein ernsthaftes Problem.

Distanz ist nun mal die Lebensversicherung Nummer eins eines jeden, sollte oberstes Gebot sein und daher ist dieses Problem im Grunde auch überhaupt keines !

Ein Schild aus Kentucky, was überall eigentlich stehen sollte:

Welcher Teufel hatte mich da bloß wieder geritten ?

Und ein richtiges Deja vu Erlebnis gab es in diesem Winter. Wer in Spanien einmal die Abkürzung von Zaragozza nach Vinaros über die N232 nimmt, kommt irgendwann über gewisse bergige Erhebungen, in denen in den Wintermonaten oft die weiße Pracht anzutreffen ist. Wir hatten diesen Weg seinerzeit oft nach Castellon gewählt, als die A23 noch nicht fertig war. Im Winter war diese Stecke allerdings nicht sehr ratsam und das schrieb ich mir nach so einem spanischen Winterzauber fett in meine Spanienkarte !

Der Weg vom Kunden im Norden von Ontario bis zur Grenze nach Sault Ste. Marie, betrug rund sechshundert Kilometer und um diesen ein klein wenig abzukürzen, entschied ich mich für einen Querfeldeinweg an dem wunderschönen Range Lake entlang. Das waren gut sechzig Meilen weniger und die erste halbe Stunde auf dieser Strecke, sah es auch noch recht gut aus. Leider änderte sich dieser Zustand, je weiter man fuhr. Insbesondere mit einem Sattelzug ! Bergauf und bergab bei schneeglatter Fahrbahn, bis schließlich an einer Steigung nichts mehr ging und ich quasi festhing. Mitten in der Wildnis ! Hier kam voraussichtlich bis zum nächsten Sommer gar niemand vorbei !

Ergo: Schneeketten aufziehen! Doch das kann ja einen Seemann äh Fuhrmann nicht erschüttern, la-la-la ! Glücklicherweise hielten die Bären bis dato ihren wohlverdienten Winterschlaf.

Fazit: Abkürzungen und Umwege erhöhen eindeutig die Straßenkenntnis ! Von diesem Tage an stand in meiner Kanada-Karte ganz fett: Diese Strecke ist nur im Sommer geeignet !

Welcher Teufel hatte mich denn da bloß wieder geritten ?

Nur im Kühlschrank ist es wärmer

Die Nacht am Wolfs Lake

Der Auftrag lautete, eine Ladung zu einer Pipeline in den Norden von Alberta bringen. Laut Wegbeschreibung sollte man durch ein Waldstück fahren und nach exakt dreiunddreißig Kilometer käme dann ein größerer Parkplatz und tatsächlich: exakt nach dreiunddreißig Kilometern kam dieser in Sicht ! Auf diesem Parkplatz verbrachte ich die Nacht, um am anderen Morgen den Einsatzleiter zu kontaktieren, der mich abholen und zu der rund zwanzig Kilometer abgelegenen Pipeline bringen sollte.

Nachdem selbst mein „Auxiliary-Power-Unit", kurz auch APU genannt, (der Zusatzgenerator) nach zwei kompletten Tagen Werkstattaufenthalt nicht funktionierte, ließ ich den Motor die Nacht über laufen. Schließlich war es noch minus acht Grad kühl. Woher ich das jetzt so exakt wusste ? Nun ja, gegen drei Uhr in der Nacht wachte ich plötzlich etwas fröstelnd auf ! Nanu, dachte ich, der Motor ist aber leise. Aha, der Motor läuft ja auch gar nicht mehr ! Großartiger Moment ! Zündung: gleich Null ! Schnell rein in die fast steif gefrorenen Klamotten, Taschenlampe raus, Motorhaube auf und als erstes die Taschenlampe und eine Zigarette an !

Mal gucken und probieren, zwischenzeitlich noch eine Zigarette und noch genauer gucken, probieren und noch mehr fluchen, Startversuch Nummer sechsundfünfzig und ich dachte, so kann man sich die Nacht auch um die Ohren schlagen ! Vielleicht ein Problem mit dem Steuergerät ? Die Elektronik ist besonders im Winter extrem anfällig. Glücklicherweise sprang er um halb fünf Uhr morgens mit einem Trick wieder an und ich sprang unter die mittlerweile eiskalte Decke. Bis es aber einigermaßen warm wurde in der Kabine, war es auch schon wieder Zeit um aufzustehen. Die Ausdrücke, welche in jener Nacht am Wolfs Lake fielen, wiederhole ich an dieser Stelle aus Jugendschutzgründen lieber nicht !

Dieser Motorausfall wiederholte sich den Rest der Woche immer wieder mal, parallel dazu informierte ich jedesmal unseren Shop (Werkstatt), mit der immer gleichen Antwort: „Wenn Du mal hier bist, schauen wir mal nach.“

Die Pannenserie mit diesem Fahrzeug wollte nicht „abreißen“ und mir kam in so manchen Momenten sogar schon der Gedanke selbst „abzureisen“ !

Da stand man mitten in der´Nacht im Wald mitten im Nirgendwo und fragte sich selbst: „Was mach ich eigentlich hier ?“

Umzug

Im März teilte Oma Anna ihren Gästen mit, dass sie ihr Haus im Juni verkaufen wolle. Eine eigene Wohnung kam für immer noch nicht in Frage, da man einfach zu selten vor Ort war. Ein anderer Mitarbeiter der Firma dachte genauso und so fanden wir über drei Ecken ein Haus, welches wir zusammen für ganze 735.- CAD mieteten. Geteilt durch zwei war das weniger, als jeder von uns für das Zimmer bei Oma Anna zahlte.

Der Umzug ging im Frühjahr 2010 über die Bühne und war relativ schnell erledigt. Die meiste Zeit nahmen die Ummeldungen bei den Behörden in Anspruch. Das Haus war groß genug und da jeder von uns die meiste Zeit unterwegs war, ging man sich auch nicht auf die Nerven. Der Nebeneffekt war eindeutig: Geld sparen und die Kosten niedrig halten !

Im Frühjahr wechselte ich in die Reefer-division. Übersetzt könnte man wohl auch „Frigo-Abteilung" dazu sagen, dem Geschäftszweig für temperaturgeführter Güter. Mit diesem internen Wechsel änderte sich auch schlagartig meine Laune. Dort gab es in erster Linie interessanterer Touren.

Wunderbare Destinationen folgten in die hintersten Winkel der USA. Orte, die ich bis dahin nur aus dem Fernsehen kannte. Kreuz und quer durch die Staaten und das schöne war, man hatte wirklich genügend zeitlichen Spielraum, um sich nebenbei viele interessante Sachen anzuschauen.

So verging Woche für Woche mit jeder Menge neuer Eindrücke und ich wurde mächtig entschädigt mit vielen sagenhaften Gegenden in einer fantastischen, unberührten, grandiosen Naturlandschaft ! Ich hoffe, dieser

Satz spiegelt meine Freude darüber ein klein wenig wider . Wöchentlich ging es in neue Bundesstaaten und man müsste als Europäer schon sehr viel Geld in die Hand nehmen, um das alles sehen und bereisen zu wollen. Welch ein fantastischer Kontinent !

Das war schon in Europa der Hauptgrund, warum ich diesen Beruf so liebte. Man kam gleichermaßen in Gegenden, wo andere Urlaub machen und anderseits in Regionen, wo das wirkliche Leben stattfand. An den Rand des Geschehens und mit den Menschen vor Ort. Ich habe eigentlich schon immer versucht, in den jeweiligen Regionen und Städte mir etwas Zeit einzuräumen, um etwas anzusehen, weil nie feststand, ob und wann man dort je wieder hinkommen würde. Das liegt jedoch natürlich an einem selber, was man daraus macht. Doch gerade hier in Nordamerika, wo allein schon durch die Distanzen und der Planung genügend zeitlicher Spielraum einem gewährt wird, wäre es schade, wenn man die schönen

Dinge dieses herrlichen Kontinents an sich vorüberfliegen lassen würde.

Mein erstes Ticket

Meinen ersten Strafzettel (in englisch auch Ticket genannt) handelte ich mir in Ontario ein. Da ein Luftbalg (in englisch auch Airbag genannt) unterwegs kaputt ging, rief ich unsere Werkstatt an. Die meinten, ich sollte bis Fort Francis (in englisch auch Fort Francis genannt) fahren, was zwanzig Kilometer entfernt war und es dort in einer hiesigen Werkstatt instand setzten lassen.

Auf dem Weg dorthin, wie konnte es auch anders sein, stand auf einem kleinen Parkplatz mitten im Wald ein Uniformträger, der scheinbar froh war, endlich einmal wieder jemanden kontrollieren zu können. Logbuch, Registration, Driver license, DVIR wollte er sehen. Quasi das volle Programm !

In diesem DVIR (daily vehicle inspection report) hatte ich in der ganze Aufregung vergessen, den Fehler sofort nach Feststellung zu notieren. Der Luftverlust aus dem defekten Luftbalg war natürlich, während er die Papiere durchsah, unüberhörbar.

Meine Erklärung und Rechtfertigung bis ins nächste Kaff fahren zu wollen, um es dort reparieren zu lassen, ließ er nicht gelten.

„Sie fahren mit diesem Airleak keine Meile weiter !“, erwiderte er.

Dann vernahm ich: „Out of service !“ Also, Stilllegung !

Und des weiteren hörte ich ihn sagen: „110 !“

Nein, nicht die germanische Notrufnummer ! Er meinte Dollar und zwar kanadische ! Nun ja, da es immer am Ermessen von dem Beamten lag, wie hoch ein Ticket ausgestellt werden konnte, bin ich nochmal mit einem blauen Auge davon gekommen.

Der Willis Tower in Chicago, der bis 2009 noch Sears Tower hieß

Tränen in den Augen

Die Straße war wie leergefegt. Kerzengerade ohne einen Anschein einer Kurve. Seit knapp fünf Stunden ging es mit Tempomat zügig voran. Nur noch achthundert Kilometer. Weit und breit nichts, aber auch rein gar nichts, außer eben die schier endlose Weite der Prärie.

Hin und wieder überholte ihn ein Fahrzeug. Manche gaben per Hand ein Zeichen, damit er die Reißleine des Drucklufthorns ziehen sollte und die Passagiere in den Fahrzeuge sich am Klang der Druckluftfanfare erfreuen konnten.

Der einprogrammierte Radiosender spielte Classic Country aus der guten alten Zeit, als in dieser Gegend die PS noch pro Pferd gerechnet wurden. Die Sonne war nur mit Sonnenbrille zu ertragen und der Asphalt spiegelte sich, als wenn die Straße unter Wasser stand wie eine Fata Morgana !

Nach einigen Litern vom heißen Kaffee aus dem Thermoskanne, meldete sich naturgemäß langsam aber sicher seine Blase. Nur wo nur anhalten ? Mitten auf dem Highway ? Unmöglich ! Da endlich, denn es wurde nun wirklich höchste Zeit, tauchte wie aus dem Nichts eine verschlafene Tankstelle in dieser Einöde auf. Er rollte auf den staubigen Parkplatz, zog die Parkingbrake und stellte kurz darauf den Motor ab. Automatisch griff er zum mittlerweile leeren Coffee-Mug, der bei jedem Halt mit frischen Kaffee neu aufgefüllt wurde und ging schnell Richtung Tankstelle, die aussah, als wäre er seit Tagen der erste Gast in dieser gottverlassenen Gegend.

Der Kassierer hob noch nicht einmal sein Haupt, als der Fahrer eintrat. Ihm war es ziemlich egal, denn im Moment brauchte er keine oberflächliche Konversation, sondern nur ein Pissoir ! Kurzer, schneller Blick durch den Raum und da entdeckte er in der hintersten Ecke ein kleines Schild:

Restrooms ! Er begab sich zum Urinal, um sich endlich Erleichterung zu verschaffen.

Über dem Keramikbecken hing, wie in den meisten Ländern dieser großen Erde auch, ein Kondom-Automat und während er so dastand, betrachtete er die Reklame auf diesem Automaten und plötzlich wurde die Stille in dieser Gegend durch sein lautes Lachen je unterbrochen und er wischte sich die Tränen aus den Augen vor Lachen ! Da gab es tatsächlich eine Kondommarke mit dem Namen „Horny goats“ !

(was das allerdings auf Deutsch heißt, bleibt aus Jugendschutzgründen unübersetzt...!) Der erste Urlaub nach vierzehn Monate

Besuch aus der Schweiz hatte sich angemeldet und wir vereinbarten einen Treffpunkt in Toronto, um für zwei Wochen den Osten Kanadas zu besichtigen.

Die Landung in Toronto war gegen siebzehn Uhr und den reservierten Mietwagen wollte ich anschließend direkt am Airport in Empfang nehmen. Von wegen ! Alle möglichen Autovermieter waren in Form der typischen Schalterstellen anwesend, nur die meine nicht !

Nach kurzer erfolgloser Suche und vergeblicher Fragerei, wählte ich schließlich die Telefonnummer auf den vorher ausgedruckten Reservierungspapieren und da wurde die Geduld auf die Probe gestellt, nach dem Motto: Drücken Sie eins für bli-bla-blu, drücken Sie zwei für bla-bla-bla, etc.

Diese Computertelefone können einem den letzten Nerv rauben. Als anschließend das Endlosband die Wartezeit auch noch mit „Don't worry, be happy, tra-la-la" überbrückte, war ich der Explosion nahe. Während ich mir gerade die blutenden Finger vom telefonieren trockenwischte, bekam ich endlich, endlich einen richtigen Menschen an die Strippe: Gehen Sie zum Ausgang und warten dort bei Nummer sechsundzwanzig. Unser Fahrer holt Sie dort in fünfzehn Minuten ab ! Na, das klappte doch ! Don't worry, be happy...ha-ha-ha !!!

So stellte ich mich bei 'Arrival' draußen vor die Tür. Dort hingen unter den Vordächern Nummern, die gewisse Parkzonen kennzeichneten und wartete bei dem Schild mit der Nummer sechsundzwanzig. Nach geschlagenen dreißig Minuten des Wartens fand mich der Fahrer, nachdem er in der unteren - und ich auf der oberen Ebene - vergeblich gewartet hatte. Das Büro dieser Autovermietung erhielt in der Zwischenzeit einige ungeduldige Anrufe von mir, denn schließlich hatte ich einen wichtigen Termin !

Vierzehn Monate hatten wir uns nicht gesehen und nun wartete sie in irgendeiner Hotelbar in Downtown Toronto auf mich. Sie ist übrigens nach wie vor eines der wichtigsten Menschen in meinem Leben !

Nachdem das Gepäck in dem weißen Dodge Van verstaut war, zeigte mir der junge Fahrer sogleich, wie man in Toronto 'richtig' Auto fährt. Na ja, mir sollte es recht sein, da ich es nun wirklich eilig hatte. Zehn Minuten später standen wir in dem Büro einer Autovermietung in Mississauga, wo mir der Leihwagen plus all den nötigen oder unnötigen Papieren übergeben wurde und schon eine Viertelstunde später befand ich micht in Richtung Downtown Toronto in einem japanischen Mittelklassewagen.

Feierabendverkehr, Hitze, Stau. Das übliche Verkehrschaos in (P)oronto !Mein Navi mit der Dominastimme hatte ich wohlweislich mit eingepackt, andernfalls ist man hier verloren !

Um kurz vor zwanzig Uhr stand ich auf dem Hotelparkplatz, drückte dem Wächter die zwanzig kanadischen Dollar für die Parkgebühr in die Hand und platzte förmlich in die Bar. Vierzehn Monate können lang sein und dennoch war es, als wenn wir uns gestern zuletzt gesehen hatten ! Nun konnte der Urlaub beginnen !

Es folgten zwei wunderschöne Wochen in den Provinzen Quebec, New Brunswick und der herrlichen Insel Prince Edward Island. Für die großen Städte Montreal, Quebec City und Toronto ließen wir uns jeweils drei Tage Zeit. Auf dem Saint Laurence Strom ging es mit dem Boot raus zum whale watching und die Meeresriesen von so nahen zu sehen, war schon sehr beeindruckend. Wie es jedoch halt so ist, war auch dieser Urlaub schneller vorbei, als man gucken konnte und nach dem Abschied flog sie wieder zurück nach Zürich und ich in die entgegengesetzte Richtung nach Westen, zurück nach Manitoba, zurück nach Winnipeg !

Blick vom CN Tower in Toronto

Allein, aber nicht einsam

Nach dem Urlaub waren es nur noch zwei Monate bis zu meinem zweiten Jahreswechsel in Nordamerika. An Weihnachten mietete ich mir, unweit von einem Truckstop in Utah, ein Zimmer in einem Motel, da ich natürlich nicht das Weihnachtsfest im Truck hocken wollte.

Auf diesem Truckstop gab es am ersten Weihnachtstag gebratenen Truthahn für die Männer der Straße, die an diesem Tage nicht nach Hause kamen, gratis versteht sich ! Das müsste eigentlich auch in Europa Schule machen, oder ?

Viele Emails erreichten mich aufgrund meines Blogs von Leuten, die auch Interesse an einer Auswanderung hätten. Neben all den Vorbereitungen und Planungen wird jedoch eine Sache meist übersehen. Nämlich genau die Sache mit dem Alleinsein.

Man muss schon sehr gern allein sein oder anders gesagt, man muss das Alleinsein quasi „können". Wer mit der ganzen Familie auswandert und diesen Beruf hier ausübt, wird wahrscheinlich weniger Probleme haben, da man ja das berufliche Getrennt sein von Europa schon gewohnt war. Wer als Team fährt oder den Partner dabei hat, kann dabei natürlich auch nicht mitreden.

Doch ich denke, die Singles unter den Truckern wissen genau, was es heißt und von was ich spreche. Dieser Punkt müsste eigentlich an erster Stelle auf jeder Vorbereitungsliste für Single-Auswanderer stehen und wenn man sich selbst die Frage stellt, ob man gern allein ist und diese mit einem klaren „Ja" beantworten kann, so tauchen später diesbezüglich sicherlich kaum Probleme auf.

Ich hatte bisher diesbezüglich noch keine Probleme, aber ich war auch erst zwei Jahre hier.

Ladung für Brooklyn, New York City !

NYC - wie ein Pickel auf einem Babypopo ! Bis zu diesem Tag war ich von der Ostküste verschont geblieben, aber das harte Truckerleben ist ja nun mal kein Wunschkonzert. Für Touristen wohl immer eine Reise wert, aber das Chaos in „Big Apple“ kostet Nerven und Zeit, insbesondere, wenn man mit einem Sattelzug da hinein muss. Das grösste Problem stellen dort die vielen niedrigen Unterführungen dar. Als diese nämlich gebaut wurden, gab es noch keine 13.60 feet hohen Trailer und somit muss man ständig Obacht geben, dass man die Hinweistafel einer Höhenbegrenzung nicht übersieht, was bei dem Verkehrschaos hier durchaus schnell passieren kann.

Winnipeg - New York City entsprechen rund 1700 Meilen oder 2700 Kilometer. Das Areal des Kunden lag mitten in Brooklyn und hatte aus Sicherheitsgründen einen mit Stacheldraht umzäunten Parkplatz. So stand einer angenehmen Nachtruhe nichts im Wege, dachte ich zumindest anfänglich.

Nachts um eins klopft es. Ein Typ von der Security will die Frachtpapiere haben und meine Telefonnummer, damit er anrufen kann, wann sie mich entladen wollen. Drei Minuten später gleich wieder zurück ins Reich der Träume.

Plötzlich Polizeisirenen und Schusswechsel nur ein paar Blocks weiter. Ich dachte, die drehen bestimmt eine neue Folge von „Einsatz in Manhattan“ oder ähnliches.

Wo bin ich hier eigentlich ?

Ach ja, im größten Moloch der Vereinigten Staaten !

Miss Liberty ! Blick von der Staten Island Ferry

Einmal hatte ich Glück und jede Menge Zeit und diese wurde sogleich für eine Fährüberfahrt nach Staten Island genutzt. Die Fährschiffe fahren dicht an Miss Liberty, der Freiheitsstatue, vorbei und das war auf jeden Fall der Mühe wert.

Zurück in Manhattan folgte am Abend ein Spaziergang über die Wallstreet zum Ground Zero, was wirklich beklemmend war, da einem die schrecklichen Bilder vom 9/11 wieder vor Augen kamen.

Lobe nie den Tag vor dem Abend

So könnte ich durchaus viele Wochen beschreiben. Einen ungeplanten Kurzurlaub in der Gegend um Dallas/Texas brachte mir eine weitere Panne des Freightliners ein ! Er sprang einfach nicht mehr an. Vielleicht gefiel ihm die Gegend hier auch so gut wie mir ?

Um zehn Uhr kam der erste mobile Mechaniker von einer nahegelegenen Werkstatt herbeigeeilt. Mittlerweile sind an dem Fahrzeug Batterien, Anlasser, Alternator, Kühler, Reifen, Bremsen inkl. Bremszylinder in den letzten Monaten ersetzt worden, so dass es sich eigentlich hierbei um einen Neuwagen handeln müsste und nicht um ein knapp dreijähriges Modell.

Schlussendlich gab Monteur Nummer Eins um 13.00 Uhr völlig ratlos auf, nachdem er sämtlich in Frage kommenden Möglichkeiten durch gecheckt hatte. Er entschwand mit den Worten: „Elektricproblems are sometimes a big misery !“ „Hey, wem sagst du das ?“

Es folgte ein erneuter Anruf und der zweite mobile Servicemensch, nun jemand von einer Freightliner Fachwerkstatt, kam um 16.00 Uhr in Sicht. Ausgerüstet mit noch mehr Material inklusive Diagnostic - Laptop. Meine Hoffnung stieg, um nach weiteren drei Stunden gänzlich zu versiegen, denn dann gab auch Monteur Nummer Zwei hilflos auf. Um 19.00 Uhr, es war bereits schon wieder dunkel, als er den Towtruck (Abschleppwagen) bestellte, der eine Stunde später eintraf.

Um 23.00 Uhr war ich endlich im Hotel angekommen, denn um diese Zeit arbeitete die Werkstatt natürlich nicht mehr. Die heiße Dusche und ein kühles Bier an der Hotelbar waren, nach rund sechzehn Stunden draußen herumstehen, wirklich redlich verdient.

Mein Plan, am nächsten Tag einen Leihwagen zu chartern, um damit zur Southfork Ranch zu fahren, scheiterte an der einzigen Autovermietung in der Nähe, die so kurzfristig keinen Wagen zur Verfügung hatte. Schließlich dauerte dieser Aufenthalt mal wieder mindestens zwei bis drei Tage !

Mal abgesehen von Frühstück und der Hotelbar, blieb im Hotel die Küche kalt. Auf der Suche nach etwas Essbaren am Abend, fand ich mich in einem nahegelegenen kleinen Truckstop wieder, der den schönen Namen „Flying Eagle“ trug, aber den Namen Truckstop keinesfalls verdiente, da dieses Anwesen außer einem Parkplatz, zwei Zapfsäulen und dem Kassiererhäuschen nichts großartiges zu bieten hatte.

Doch halt ! Plötzlich nebenan, fast unscheinbar, entdeckte ich ein Schild mit der Aufschrift „Restaurant“ ! Der einzige Gast trat ein, plus Kellner, der gleichzeitig auch den Koch spielte, somit waren wir also schon zu dritt !

Speisekarte: Catfish als Tagesmenü ! Was denn nun ? Katze oder Fisch ? Aber soweit ab von jeglichen Gewässern lieber keinen Fisch ! Also gut, Steak und das bitte medium und pfundschwer, dazu einen Salat und eine gebackene Kartoffel. Ach, baked potato sind aus ? Was gibt es denn sonst noch ? Klar, Pommes ! Dann halt Pommes, rot und OHNE weiß, wegen den Kalorien ! (Als wenn ich jemals darauf geachtet hätte !)

Zwei Tage später konnte ich die Gegend hinter mir lassen, nachdem das Fahrzeug instand gesetzt war und die Werkstatt einen komplett neuen Kabelstrang gezogen hatte. Und das alles in nur zwei Tagen, das war fast rekordverdächtig !

Der Besuch der Southfork Ranch wurde schon einige Wochen später nachgeholt, als aufgrund einer Abladeterminverschiebung in Dallas mir ein freier Nachmittag zur Verfügung stand.

Immobilienkauf

Mittlerweile wohnte ich bereits ein weiteres Jahr in einem Haus, welches nicht mir gehörte. Langsam aber sicher musste ich diesbezüglich etwas ändern. Somit setzte ich mich mit einem Makler in Verbindung, der mir wöchentlich die neusten Angebote per Email zukommen ließ.

Nach langen Gesprächen, kam ich zu dem Entschluss, das es am besten sei, statt einem Haus ein sogenanntes Condo zu kaufen. Townhäuser und Eigentumswohnungen haben den Vorteil, das man sich um nichts kümmern braucht (wie z.B. Schneeräumung, Gartenarbeit, etc) Das kam mir sehr gelegen, denn wann hätte ich das alles erledigen sollen ? Zumal es hier leicht passieren kann, wenn man eine Woche oder länger nicht vor Ort war, dass die Einfahrt soweit zu geschneit ist, dass man nicht mehr auf sein Grundstück kann ohne nicht vorher vierundzwanzig Stunden Schnee zu schaufeln !

Schließlich fand ich nach kurzer Suche ein siebzig qm2 Condo zu einem akzeptablen Kaufpreis. Danach ging die richtige Lauferei aber erst los: Treffen mit Makler, Bänker, Versicherungsdamen, Handwerker zwecks Terminabsprache. Es war aus Zeitgründen gar nicht so einfach alle Termine unter den Stetson zu bekommen.

Eine Menge Papierkram stand an. Wer hier schon einmal eine Immobilie gekhat,kommt wie in Europa nicht um gewisse Formalitäten herum. Langsam aber sicher blickte ich durch, denn gerade das „Vertragsenglisch" hat es in sich. Als die Bank grünes Licht gab und noch bevor der Notartermin fällig wurde, musste eine Hausratspolice abgeschlossen werden, sonst gab es hier keinen Grundbucheintrag.

Was wirklich zeitlich hervorragend klappte war die Renovierung. Es sollte neue Farbe an die Wände, ein neuer Teppich ins Schlafzimmer, Laminat in den Ess – und Wohnbereich etc. Da die Schlüsselübergabe beim Notar zwei Wochen vor dem Einzugstermin stattfand, gab es daher genügend Spielraum und um jetzt nicht meinen Urlaub für die Renovation zu opfern, bekam der Handwerker den Schlüssel und konnte die zwei Wochen schalten und walten, wie er wollte. So war am Einzugstag alles fertig. An den freien Tagen bestellte ich derweil die Möbel, denn die mussten ja auch noch angeschafft werden.

Zeitgleich war ich überzeugt, der Freightliner laufe bestens und ohne Probleme. Verkehrt gedacht, denn zwischen Wawa und White River sah ich mich schon im Seitengraben liegen, nachdem auf einem leicht abschüssigen Teilstück in einer Linkskurve die Maschine plötzlich während der Fahrt abstellte.

Das war eine Schrecksekunde der besonderen Art, da in diesem Fall die Servo nicht mehr funktioniert und es ziemlich eng an dem nicht gerade flachen Seitengraben wurde. Jetzt hatte ich endgültig genug. Nicht nur, das diese Panne mir nun, wer weiß wie lange, einen Aufenthalt in dieser gottverlassenen Gegend bescheren würde, nein, es stand in zwei Tagen der wichtige Notartermin für die Immobilie an, der keineswegs verschoben werden konnte.

Am nächsten Tag konnte ich glücklicherweise mit einem kanadischen Kollegen nach Winnipeg fahren und wenigstens den Notartermin in aller letzter Minute wahrnehmen. Der Firma teilte ich mit, das dies definitiv meine letzte Fahrt mit dem Freightliner war, denn mehr als genug Werkstätten und Hotels hatte ich in den vergangenen zwei Jahren kennenlernen dürfen und hatte die Nase gestrichen voll !

Kenworth T700

Ein Anruf meines Disponenten erreichte mich tags darauf, der meinte, wenn du Zeit hast, komm mal in die Firma. Dort angekommen, erhielt ich die freudige Nachricht, das ein Kenworth T700 für mich bereit stand.

Damit hatte sich das leidige Thema Pannenserie hoffentlich endlich erledigt ! Und so war es auch ! Der Kenny lief ohne Murren und war natürlich überhaupt kein Vergleich zu dem vorherigen Freightliner.

Die Marke Kenworth war für mich seit jeher der Inbegriff überhaupt, wenn es um US-Trucks ging. Der T700 war in jenen Tagen das modernste Fahrzeug, was der amerikanische Markt zu bieten hatte und er war für ein Jahr mein rollendes Zuhause.

Eine andere Idee, die seit langer Zeit schon in meinen grauen Zellen verankert war, wollte ich nach meinem dritten Winter in Kanada unbedingt realisieren !

Das größte Highlight 2011 war für mich der Besuch von Graceland in Memphis. Ich war zwar nie so ein richtig eingefleischter Elvis Fan, doch waren mir seine Lebensgeschichte, die Lieder und ein paar seiner Filme, bekannt.Es ergab sich, als ich vom Golf von Mexiko mit einer Ladung für Ontario nordwärts fuhr und mir die Fahrzeit in Memphis am Vorabend ausging.

Am nächsten Morgen parkte ich den Zug unweit vom Anwesen und stellte mich für ein Ticket in die Schlange, die sich schon morgens gebildet hatte. Mit einem Shuttlebus wurden die Besucher hinüber nach Graceland gefahren und gute drei Stunden nahm der Besuch in Anspruch.

Drei unvergessene Stunden muss man sagen !

Am Ende der Rundtour steht man vor den Gräber der Familie Presley, die im hinteren Bereich des Anwesens angelegt sind.

Mein persönlicher 9/11

Die Nachricht, das es meinem Vater gesundheitlich nicht gut ginge, erhielt ich schon im November 2010. Eine Herzoperation war für April 2011 nebenbei auch noch vorgesehen. Daraufhin buchte ich meinen nächsten Urlaub im Februar/März 2011 und flog das erste Mal wieder nach Zürich und Hamburg.

Die Besuche von alten Freunden taten ebenso gut, wie das Wiedersehen mit der Familie. Erholungsurlaube sind das allerdings keine. Das werden alle kennen, die nach längerer Abwesenheit wieder einmal in der alten Heimat auftauchen.

Die Operation am offenen Herzen verlief gut und nach der anschließende Reha war er nach vier Wochen auch schon wieder Zuhause. Am Telefon klang er doch recht optimistisch.

Anfang Juni kam die bittere Nachricht, er müsse nochmals operiert werden. Von da an gab es keine Nachricht auf Besserung und am elften September ist er gestorben.

Nun hatte ich meinen persönlichen 9/11 ! Das war für mich definitiv „the hardest part of my life!"

Viele Fragen beschäftigten mich und Selbstvorwürfe quälten mich. Warum haben wir nicht mehr Zeit miteinander verbracht ? Warum hatte ich weggehen müssen ? Und viele Erinnerungen tauchten auf.

In den Schulferien begleitete ich ihn so oft es ging im LKW. Ich glaub, ich war zwölf, als er mich das erste Mal selber fahren ließ, auf irgendeinem Betriebsgelände. Aus heutiger Sicht waren das vielleicht nur einige hundert Meter, doch damals war es für mich das allergrößte.

Und wenn mich in Kindesjahren jemand fragte, was ich später einmal beruflich machen wollte, war das im Grunde eine völlig überflüssige Frage !

Mein einziger Trost war, dass er nun nicht mehr leiden musste und ich war froh, ihn noch einmal besucht zu haben.

Wenn der Vater stirbt, stirbt auch ein Teil der Kindheit.

Wie wahr sind diese Zeilen !

Viva Las Vegas

3200 Kilometer beträgt die Strecke von Winnipeg nach Los Angeles und oftmals hat man Glück, dass man dort die gesetzlich vorgeschriebenen Pause von Minimum 36 Stunden) verbringen kann. So kommt man schon des öfteren in den Genuss, diese zwei Abende in der Stadt des Lasters verbringen zu können. Las Vegas !

Las Vegas – immer eine Reise wert

Die unerträgliche Hitze in Nevada ist speziell in den Sommermonaten kaum auszuhalten. Der Fußmarsch vom Truckstop zum Strip ist zwar nicht so weit, doch die brütende Hitze macht es zur Tort(o)ur.

Jedes Mal wundert man sich, wie viele Menschen aus aller Welt extra für diese Stadt hierherkommen und schon morgens die Casinos füllen. An den Wochenenden herrscht besonders großer Andrang, da viele Leute aus Kalifornien mal eben anreisen, einfach um zu zocken oder sich eine der vielen Shows anzuschauen. Die angebotenen Shows sind vielseitig, obwohl ich persönlich bisher einen meiner Favoriten, nämlich Garth Brooks, verpasste. Eine bekannte Persönlichkeit ist hier jedoch täglich anzutreffen: Elvis ! (Allerdings nur seine Doppelgänger !)

Eine Neujahrsgeschichte oder gibt es Schutzengel ?

Das Jahr 2011 neigte sich seinem Ende zu, ich spulte weiter meine Meilen ab und plante für das kommende Jahr den Schritt in die Selbstständigkeit, als mir zum Jahresende etwas sehr Merkwürdiges passierte. Lange habe ich überlegt, ob ich das folgende Ereignis vom 29.12.2011 überhaupt im Blog bringen solle, da man mich wahrscheinlich für verrückt erklären würde. (ich weiß, einige nehmen das sowieso an).

Ein Familienmitglied ♥ meinte jedoch dazu: poste das ruhig, denn Paranormales kommt immer gut ! Und vielleicht hat ja sogar jemand schon ähnliches erlebt.

Also, es passierte auf dem Highway siebzehn zwischen Upsala und Ignace, wo ich gegen 23.00 Uhr den Feierabend einplante. Es war bereits stockfinstere Nacht, leichter Schneefall und die Straße war teils schneebedeckt. Wildlife macht diese Gegend besonders gefährlich und beim fahren "scannt" man automatisch die gesamte Umgebung.

Links und rechts grenzen Wälder und der Highway führt mehr oder weniger gerade hindurch. Ab und an kommen ein paar Lichtungen und vereinzelt säumen große Rocks die Strecke. Plötzlich nahm ich einen Schatten wahr, der sich auf einem dieser schneebedeckten Felsen auf der linken Seite abzeichnete. Als ich daran vorbeifuhr und jetzt kommt`s, und haltet mich bitte nicht für crazy oder so was ähnliches, löste sich diese Art Schatten und schwebte förmlich auf gleicher Höhe neben mir her, um sich sich nach einigen Sekunden wieder zu verflüchtigen. Halluzination ? Ich war aber gar nicht müde ! Optische Sinnestäuschung ? Schon möglich ! Dennoch war es sehr real und irgendwas riet mir, langsamer zu machen. So reduzierte ich die Geschwindigkeit auf etwa fünfzig km/h und was soll ich sagen ? Etwa drei Kilometer weiter stand ein riesengroßer Moosebulle mitten auf dem Highway ! Ohne große Schwierigkeiten konnte ich den Zug somit zum stehen bringen und das Moose verschwand nach einem kurzen Moment wieder in das Dickicht.

Noch lange dachte ich an dieses Ereignis und was alles hätte passieren können. Auf jeden Fall habe ich meine Meinung zum Thema Schutzengel revidiert. Ich tat das eigentlich immer als Hokus Pokus ab. Und wenn das keine optische Täuschung war, dann hab ich wohl tatsächlich einen live gesehen. Oder was meint ihr ?

Muss ich etwa zum Psychiater oder gleich in die Klapse, wo man eine weiße Jacke an bekommt, aus der man alleine nicht wieder herauskommt ?

Und plötzlich habe ich eine Tochter

Über einen Webblog kann man jemanden eigentlich ganz leicht ausfindig machen, respektive auch selbst ganz einfach gefunden werden.

Im Dezember 2011, kurz vor Weihnachten, erhielt ich eine Email von einer jungen Dame, mit der Frage, ob es vielleicht sein könnte, dass ich ihr leiblicher Vater sei ? Alles, was sie von ihrem biologischen Vater wusste, träfe so ziemlich exakt auf mich zu ! Das war ja nun ein echter Hammer und für mich das schönste Vorweihnachtsgeschenk ! Wie viele Freunde und Bekannte haben mir in den letzten zwanzig Jahren immer wieder prophezeit, dass die Kinder früher oder später immer ihre biologischen Elternteile suchen werden. Zwanzig Jahre war es her, als ich die Kleine das letzte Mal sah und jetzt war sie schon eine junge Frau geworden. Ihre Mutter zog damals mit ihrem neuen Mann von Hamburg in den noch höheren Norden und die Entfernung erschwerte seinerzeit alles umso mehr. So wuchs sie ohne mich auf, was mir häufig in der Vergangenheit Kopfzerbrechen bereitete. Der Kontakt riss damals komplett ab, nicht zuletzt durch meine Zustimmung zur Adoption, mit der ich gleichzeitig auch alle Rechte verlor. Ich war froh, ihr endlich meine Version mitzuteilen und neugierig, was sie bisher so alles erlebte, was aus ihr geworden war, wie sie aufwuchs und erleichtert darüber, dass die Eltern immer gut zu ihr waren. Seitdem schreiben wir uns wöchentlich und die Vergangenheit konnte endlich aufgearbeitet werden. Der große Schritt einer ersten Begegnung, ein persönliches Kennenlernen steht uns noch bevor und darauf sind wir beide unheimlich gespannt ! Also, es bleibt weiterhin spannend und wie sich zeigt, schreibt immer noch das Leben selbst die schönsten Geschichten.

KENWORTH
33701

Der Weg zum Owner Operator

Ein verhältnismäßig lauer Winter zog über das weite Land, während die Vorbereitungen in die Selbstständigkeit auf Hochtouren liefen.

Eigentlich wollte ich mich schon Anfang der Neunziger Jahre in Hamburg selbstständig machen, wozu ich die „Sach- und Fachkunde zur Führung eines Güterfernverkehrsunternehmen“, wie es im amtsdeutsch hieß, absolvieren musste. Mein damaliger Chef riet mir seinerzeit aber eher davon ab, hinsichtlich der politischen Entscheide mit dem Wegfall der Tarife. Dafür bin ich ihm heute noch dankbar, denn wie sich die Preispolitik in Europa, speziell in den ersten Jahren danach entwickelte, weiß man ja heute.

Die Suche nach einem eigenen Truck begann und meinen Traumtruck fand ich bei Kenworth in Winnipeg. Ein KW 900, 2009, mit einem 485 HP Cummins Motor, einem 18. Gang Eaton Fuller Getriebe und einem 72 inch Aerodyne sleeper im März 2012.

Mit dem W900 erfüllt sich so etwas wie ein Jugendtraum von mir und ich kann mich erinnern, das ein großes Poster mit so einem Kenworth W900 mein Zimmer schmückte. Dasselbe Poster hing später auch im Flur meiner ersten Wohnung. Das war 1983. Für mich war und ist es DER Truck schlechthin ! Und ich weiß nicht, wie viele unzählige Male ich davor stand und mir sagte: Ich weiß nicht WANN und WIE und schon gar nicht WO, aber eines Tages werde ich so eine Maschine besitzen ! Klingt wohl ziemlich kitschig, was ? Aber es sagt eigentlich alles aus, was dieser Moment und diese Maschine für mich bedeuteten !

Im Blog startete ich anschließend eine Umfrage für einem passenden Namen für „sie“, denn wie sagte ein Freund zu mir: „Denk dran, Schiffe und Lastwagen haben immer Frauennamen, alles andere bringt Unglück !“

Der Name, welcher mehrmals als Vorschlag eingehen würde, der sollte es werden. Etliche Leser schickten daraufhin Namensvorschläge und ein Name wurde dann tatsächlich zweimal vorgeschlagen:

So taufte ich meinen KW900 schlussendlich auf den Namen: „JOSIE“ !

Die Verträge mit der Firma, die gleichzeitig mein Auftraggeber bleibt, waren unter Dach und Fach und auch von Seiten der Bank gab es keine Schwierigkeiten. Plötzlich zählte ich zu einem der vielen Owner Opertators in Nordamerika. Hätte mir das jemand noch vor drei Jahren vorhergesagt, den hätte ich ganz bestimmt für verrückt erklärt. Die offizielle Jungfernfahrt

ging im April 2012 nach El Paso / Texas.

Am liebsten würde ich ja das ganze Buch mit „Josie“ - Bildern füllen, aber ich denke, da hätte der Verlag etwas dagegen ;-)

Die Statistik besagt, das rund 60 Prozent aller Auswanderer in den ersten fünf Jahren wieder in ihre alten Jagdgründe, sprich Heimat, zurückkehren.

Mit der Immobilie und meiner „Josie“ bin ich wohl schon etwas fester gebunden, was anderseits aber nichts bedeuten soll. Daher vermeide ich möglichst die Redewendung „für immer“. Denn was heißt das schon ? Was bleibt denn eigentlich „für immer“ ?

Gerade in unserer heutigen und schnelllebigen Zeit ?

Es bleibt wohl nur die eigene Rastlosigkeit !

In diesem Sinne,

bleibt gesund und...weiter dran !

Keep on truckin`!

Printed by Books on Demand GmbH, Norderstedt / Germany